时间
间
都去哪儿了

WHERE'S THE TIME

申俊霞 编著

不要为已消尽之年华叹息，
必须正视匆匆溜走的时光。

煤炭工业出版社

·北 京·

图书在版编目（CIP）数据

时间都去哪儿了／申俊霞编著．－－北京：煤炭工业
出版社，2018（2022.1重印）

ISBN 978－7－5020－6481－5

Ⅰ．①时…　Ⅱ．①申…　Ⅲ．①时间—管理—通俗读物
Ⅳ．①C935－49

中国版本图书馆 CIP 数据核字(2018)第 017377 号

时间都去哪儿了

编　　著	申俊霞
责任编辑	马明仁
编　　辑	郭浩亮
封面设计	浩　天

出版发行　煤炭工业出版社（北京市朝阳区芍药居 35 号　100029）
电　　话　010－84657898（总编室）
　　　　　010－64018321（发行部）　010－84657880（读者服务部）
电子信箱　cciph612@126.com
网　　址　www.cciph.com.cn
印　　刷　三河市众誉天成印务有限公司
经　　销　全国新华书店

开　　本　880mm×1230mm$^1/_{32}$　印张　7$^1/_2$　字数　150 千字
版　　次　2018 年 1 月第 1 版　2022 年 1 月第 4 次印刷
社内编号　9361　　　　　定价　38.80 元

前 言

　　一生只有三天，昨天、今天、明天。

　　昨天已经离我们而去。昨天我们可能因为失意痛哭流涕；可能因为成功欢呼雀跃；也可能因为碌碌无为而无聊空虚，不管怎么样，昨天已经过去。它只能存在于我们的脑海之中，还有就是通过今天提醒我们，因为今天的状况是昨天造成的。

　　今天，就是你拿着书的这一刻。不要犹豫模糊，小心今天已经悄悄溜走。今天总是非常短暂，特别是在我们快乐的时候。今天可能进行着昨天的计划，那么佩服你是个时间的主人。如果你不知道这一天要干点儿什么，不妨继续往下看这本书。

　　如果不知道今天要干什么，那么就更不会知道明天要干什么，也就更不知道自己明天会成为什么样子。明天是个约会，明天就是我们的未来，它掌握在我们手里，掌握在今天手里。许多人总是喜欢把重要的事放在明天解决。如果你是有计划的人，那没有任何问题，而如果只是因为今天没有把事情办完，那么情况就很糟糕。因为这说明你浪费了今天，可能也毁了明天。

其实，从小的时候，先生就教会我们背诵"一寸光阴一寸金，寸金难买寸光阴"。每个人都知道时间是最为宝贵的财富，可是很多人并不知道该如何使用自己的这笔财富。我们会把它挥霍在许多没有意义的事情上，甚至自己都没有发觉。生命如流星一样短促，一旦失去就永远找不回来。

我们总会说，时间是宝贵的，时间是不可重复的，从小就被灌输要珍惜时间。可是没有人告诉我们，如何才算是珍惜时间。一生中，认真做应该做的事情，才不会虚度光阴。

有人只知道玩乐，他们知道人生苦短，所以才抓紧时间及时行乐；有人是工作狂，他们总觉得时间不够用，他们不知道疯狂工作让他们失去了生命中很多的美丽，这也是一种浪费。我们大部分人不会这么极端，但是却容易陷入时间的陷阱之中。我们总是忙于我们认为重要的事情，不惜让大把大把的时间浪费其中，就这样时间在我们混乱的忙碌中流失。回头发现，原来认为重要的事情，其实不过如此。

在有限的时间内，如何完成人生这一篇文章，交出令自己满意的答卷。那就是人生不应该在任何一个章节有所缺憾，而应该饱满充实，一生中的每一天都应该是充实丰富的。

目　录

|第四章|

时间去哪儿了——笑

|第七章|

时间去哪儿了——思考

|第八章|

时间去哪儿了——助人

第一章

时间去哪儿了——做计划

凡事预则立，不预则废

孙子曰："故知战之地，知战之日，则可千里而会战。"意思是说，只要事先能预知与敌人交战的地点，能预知与敌人交战的时间，那么即使是长途跋涉，也可以与敌人交战。计划的重要从来都是被人们重视的，大到一个国家的计划，小到一个人几天内的计划，都是对事件的一个设想。有时这样的设想可以帮助我们很好地处理出现的问题。

A公司有间仓库要出租，仓库的东立面因为政府修理河道拆掉了，并且还没有修好。而有一个物流公司急需要使用仓库就搬了进来。A公司负责仓库的人在签约的时候答应尽快修理好仓库墙的东立面，可是由于种种原因，修理墙面的事情一直没有解决，一拖再拖，也没有把那堵墙给垒上。

结果很快A公司为自己的大意付出了沉重的代价。一天晚上下起了罕见的大雨。仓库里货物几乎暴露在大雨之中。虽然公司人员赶到现场抢救，但是还是没能避免货物严重的损失。大雨给物流公司直接造成了巨大的经济损失，而作为主要责任方的A公司不得不负责赔偿物流公司的损失。

因为A公司没有预见，在当地的这个时期是容易发生洪灾的非常时期，没有把不利因素充分地重视起来。如果A公司的负责人能预见性地说明仓库东立面的修建困难，跟货运公司表明自身的担忧和问题。如果在这样的条件下，货运公司还是坚持要把货物存放到仓库中，A公司的责任就轻了许多，免去了眼前的麻烦，这样也是对客户的负责。

生活中有许多事情，需要我们计划预测，这样有利于我们规避可能出现的问题，至少能做到心中有数，当问题真正出现的时候胸有成竹。这样也是负责任的态度，尽可能地让事情如自己预想的方向发展。不要目光只看到眼前，要往前看，可以换个位置，站在对方的立场上看会如何，这样考虑问题也就周全许多了。

要想提高自己成功的概率，就必须学会计划。战神拿破仑曾说："凡事都要有统一和决断，因此成功不站在自信的一方，而站在有计划的一方。"

定位

　　比利时一家杂志，曾对全国60岁以上的老人做过一次问卷调查，调查的题目是："你最后悔的是什么？"结果，有67%人后悔年轻时错误地选择了职业。

　　我们每个人都有各自的才能，我们身上的才能就像是我们的天职，"我们做什么"是生命的质问，如果一个人位置不当，用他的短处而不是长处去生活，他就会在永久的卑微和失意中沉沦。

　　职业对于我们的重要可以用下面这个比喻来形容。就像要把一块方的木头塞进一个圆孔里一样别扭，在这样的情况下，我们有两种选择，找到一个方孔，也就是变换自己的环境，使其适合我们的需要；或者就是把自己改变成一个圆的木头，去适应环境。

很多人会选择后者，选择改变自己去适应环境，似乎这样的成本更低，更何况环境是很难改变的。但是，随着时间的流逝，在一个不合适自己的环境中削圆自己，适应环境，也许他们因此能比较舒适地生活，但是很可能和原本属于自己的成功失之交臂。

"瓦特，我从没有见过你这么懒的年轻人。"他的祖母这么对小时候的瓦特这么说，"念书去吧，这样你才能有用一些。我看你有半个小时一个字也没有念。你这些时间在干什么？把茶壶盖拿起又盖上，盖上又拿起这是干什么？你用茶盘压住蒸汽，还在上面加上勺子，忙忙碌碌的，浪费时间玩这些幼稚的东西，你不觉得羞耻吗？"

祖母不止一次地教训瓦特，让他老实点念书。幸亏这位老妇人的教训失败了，全世界从她的失败中获益匪浅。

伽利略是被送去学医的，但当他被迫学习解剖学和生理学的时候，还暗藏着欧几里得几何学和阿基米德数学，偷偷地研究复杂的数学问题。当他从比萨教堂上发现钟摆原理的时候，他才18岁。

英国著名将领兼政治家威灵顿小的时候，连他母亲都认为他是低能儿。他几乎是学校里最差的学生。别人都说他迟钝、呆笨又懒散，好像他什么都不行。他没有什么特长，而且想都没想过要入伍参军，在他父母眼里，他的刻苦和毅力是他唯一可取的优点。但是在他46岁的时候，打败了当时世界上最伟大的将军拿破仑。

我们应该问一问自己到底要做什么，很多大学刚毕业的青年虽然对未来充满了向往，但是普遍的问题就是对自己定位不清，在网上海投简历，成为了面试多次的"面霸"，而刚刚参加工作，或者不断地从一家公司换到另一家公司。有一位工作不久的小姑娘，在不到3年的时间里跳槽了8次，却仍然无所适从。许多的朋友都有过类似的经历，总是怀疑自己付出的努力得不到好的结果。

我们对自己定位不清是因为我们对自己不够了解。专家对定位做了比较深刻的研究，提出了很多科学的建议。要彻底分析自己，准确评价自己，对自己的性格、个人能力、专业技能、思维能力等各方面全面考虑清楚。

首先要"定向"，方向错了，距离目标就会越来越远，还要重走回头路，付出较大的代价；其次是"定点"，就是在个人发展的地点比如有些人毕业选择去大城市，有些选择到中小城市发展，有的选择去边疆、大西北。这主要是从个人的情况考虑。最后是"定位"，要对自己的水平、能力、心理承受能力等进行全面分析，越全面越好。不悲观，把自己定位过低；不高估自己，期望值过高。

　　做好定位以后循序渐进，逐步积累经验，谋求更好的发展。

做出正确的决定

当你在今天做一个崭新、认真且坚定不移的决定时，你的人生就会在那一刻发生变化。

苏秦从鬼谷先生那儿学成回家，准备出游列国，可家中没有足够财产支持他的行动。于是，他就变卖了一些家产，作为出行的盘缠。

他的父母、妻子以及兄嫂，都极力反对他，试图改变他的想法。嫂子说："你如果不想在家种田，就去做点儿小本生意，也能赚点儿小钱贴补家用。可是你现在却想去卖弄口舌，靠夸夸其谈来博取财富。你一定要想清楚了，现成的钱你不赚，去追求那些虚无缥缈的富贵，将来混不下去了，可别怪我们没有提醒你。"父母和妻子也随声附和。可是苏秦没有改变，做出了自己的决定，并坚持了下来。

后来苏秦以连横之说联合六国，身佩六国相印。有一次经过家乡的时候，随行的车辆马匹满载着行装，各国派来的送行的使者前呼后拥，锦旗飘飘，遮云蔽路，连绵20里不绝。周显王听到这个消息，急忙派人清扫道路，并派使臣早早在郊外迎接。

苏秦对家人感慨地说："假如我当初在家经营几亩田地，或者去洛阳市场上做生意，如今我哪里还能像现在这样风光。"

还有谁会想到当年印度圣雄甘地，一位温和谦逊的律师，凭着决定和胆识竟然率领印度人挣脱大英帝国的统治，结果引发了其他一连串殖民地的反抗决定，整个改变了国际政治格局。

一个认真的决定不是随口说说便了事，它代表除了这么做以外不做其他考虑。就像说如果决定戒烟，就表示从此绝不碰任何一根烟，就是在任何情况下都不考虑破戒。

如果是一位具有这样决定"水准"的人，相信必然能成为一个强者。曾经酗酒过的人都知道，哪怕是戒酒多年，只要他存心想试探自己的定力而痛饮一次，就极有可能再沦为酒鬼。

当我们认真做了决定后，不管这个决定是经过几番煎熬，大部分的人都会如释重负之感，内心再轻松不过了，像这样的决定能够给人真正的力量，做出真正想要的结果来。遗憾的是，我们很少有人认真做出这样的决定，这是因为太久没做而已，不知道怎么去做。经常地去锻炼它，当你锻炼得越勤，就越能做出好的决定。你要从每次所做的决定中寻找教训，日后做出更好、更准确的决定。

　　做决定就跟运用一项技能一样，你越常使用就越顺手，越顺手就越能掌握自己的人生。这样便敢于向未来挑战，把它视为将自己推向更高一层楼的机会。

你的目标，是你特定的

约翰从纽约出差到波士顿，他到机场买完票等着上飞机，还有几分钟的空闲。于是，他走向旁边的一个体重计，踏上去，扔了一枚硬币进去，屏幕上显示了两行字：你的名字叫约翰，体重是188磅，而且你正要搭乘2点20分到波士顿的班机。

约翰感到好玩极了，这玩意说的和真实情况一字不差，他大吃一惊。他再次站上去丢了一枚硬币，屏幕上又显示两行字：你的名字仍然叫约翰，体重仍然是188磅，而且你仍然得搭乘2点20分到波士顿的班机。

约翰一下来了兴致，这个聪明的机器让他有点困惑。他想到了一个办法，决定试一试，愚弄一下这个体重计。他走进更衣室，换了衣服，重新踏上体重计，并投入硬币。屏幕上还是出现了两行字：你的名字仍然叫约翰，体重仍然是188磅，但是你已经赶不上2点20分到波士顿的班机了。

这是个笑话，我们在生活和工作中同样会犯这样的错误。在我们向目标前进的时候，因为一些无足轻重的事情，影响了整个事情原先的计划。有的人做事东一榔头西一棒子，到头来却发现把正事给耽误了。

在管理学上，有一个著名的手表定律，当一个人有一只手表的时候，他很简单地就知道现在的时间，而如果他有两只不同的手表，却无法确定时间。两只时间不一样的手表并不能告诉一个人更准确的时间，反而让看表的人无法确定，失去了对准确时间的信心。

计划也如此，如果计划中目标不一致，或者有两个以及更多目标，往往减弱了计划的作用。古希腊哲学家说，首先，要有一个明确的构想；其次，用任何可行的方式，诸如智慧、金钱、物质等方法来执行计划；再次，调整所用的一切方法，以达到成功。

确定计划，要尽可能地避开一切干扰，不要让别人打断思路。找一个安静的地方，带上笔和纸：

（1）我具备什么样的才能。

（2）我的激情在什么方面。

（3）我的经历有什么不同的地方。

（4）我希望何种需要得到满足。

类似的问题可以帮助我们完成自己的人生计划。明确地将目标和计划写在纸上，然后开始行动。

第二章

时间去哪儿了——反省自身

留只眼睛给自己

有一个年轻人去向一位一流的剑客请教剑术之道。

年轻人问一流的剑客说："以在下的资质，练多久才能成为像你这样的一流高手。"

"至少10年。"

年轻人一听10年，觉得太过漫长，"如果我加倍努力，多久可以成为一流剑客。"

"20年。"

年轻人一听还以为剑客说错了，就再重复说："如果我夜以继日，一刻不停地练习剑术，多久能成为一流剑客。"

"那你永远也成不了一流的剑客。"

年轻人生气地走开了，回去告诉自己的师父，那位剑客和他的对话。师父却不住地赞叹："真不愧是真正的一流剑客。"想要成为一流的剑客，光埋头苦练，并不是快速成为高手的途径。而需要在前进的过程中，不断地反省自己身上的不足和缺陷，才能快速进步。

　　留一只眼睛给自己，剑术之道如此，人生之道也不例外。一个人生在这个世上，不管目标如何重要，不管生活如何舒适，千万别忘记给自己留一只眼睛，不断地透视我们自己的灵魂，检点自己的内心。只有牢牢地固守自己的内心不动摇，不迷失，那我们就不会偏离自己正确的人生轨道。

生命不能打草稿

　　有这样一个故事，有位大书法家，每天教学生练习书法。有一天，一位学生对大书法家说：我每天都用旧报纸练习书法，但是不管怎么练，字总是长进不大。书法家听了以后微微一笑，对学生说，从明天开始你不要再用旧报纸练习书法了，改用新的白纸练习一段时间。学生不明白先生的意图，但还是照做了。

　　一段时间过去了，这位学生的书法竟然大有长进，字越写越漂亮。学生不知其故，又来问书法家，究竟是什么原因。书法家回答他，原因在于以前每天用旧报纸练习书法，是没有在心中认真对待，反正可以当成草稿。相反，当学生改用白纸以后，就在心里想机会难得，抱着正确的态度专心致志地练习书法，其结果当然不同。

　　学会反省先要知道，生命不能打草稿。生命是极其短暂的，一个人抱什么样的人生态度去把握生命，直接决定着生命的质量。我们更喜欢用事先的谨慎来取代失败后的反省。凡事得过且过的，任意在人生的画布上涂鸦，到头来只会拥有更多的悔恨。

　　年轻的时候总觉得，生命无比漫长，而在空虚和无聊中度过自己的一天又一天。我们不会觉得时间的宝贵，总把希望寄托在明天，不珍惜生命；对人生就像写字一样，往往不注重字写得怎样，而只是看花费了多少纸。

　　生命不应该打草稿，现实的生活其实也不会给我们打草稿的任何机会，因为我们所认为的草稿，其实就已经是我们人生的答卷——无法更改，亦无法重绘，所以我们要珍惜每一次机会，认真对待每一天。也许你曾直面过一次生命的消亡，或是亲人撒手西去，或是目睹路人死于一次意外的事故。这时，你会感到生命之弦的脆弱，感受到人生的无常。死亡的洗礼使你的心灵得到净化，你更加感受到生命之短暂，生命之宝贵，你会更加珍惜生活，珍惜生命的每一分每一秒。

　　奥斯特洛夫斯基说："人的一生应当是这样度过的：当你回

忆往事的时候，能够不因虚度年华而悔恨，不因自己碌碌无为而羞愧。"季节可以重复，金钱可以重复，唯有生命不可重复。生命之于每个人只有一次。珍惜生命，摈弃苟且偷安，抓紧时间争分夺秒，待到硕果累累时，才会真正懂得生命的快乐。

　　懂得了生命的珍贵才懂得反省的意义。在人生的海洋中，我们都是赤裸裸的泅渡者。只有不断地修正航向，坚定意志，才能抵达生命的彼岸。除此，我们别无选择。

长线短线

一位长跑运动员参加了一个国际级别的比赛，他非常自信地以为自己一定能在比赛中得到冠军。前面的比赛中这名运动员一直领先，却不料在最后的一段路程中被一个原本落在后面的选手超越。他体力已经消耗殆尽，对手却在这个关键时刻发力。看着对手从自己身边飞快地跑过去，而他却已经没有力气再追赶。结果他得了第三名，因为在他被第一个对手超过的时候，心理防线已近崩溃。

他很沮丧，同时也很不甘心。他问教练自己在这比赛当中，到底是什么地方表现不好。他恳求教练找出对手在比赛过程中的失误。自己觉得他还可以跑得快，在下一次的比赛中一定能战胜对手。

　　教练拍拍他的肩膀，没有说什么。只是找来了一根粉笔，在地上画了一道线。画完他抬头要运动员在不能擦掉这条线的情况下，设法让这条线变短。运动员心情急躁，不知道教练和自己开什么玩笑。他百思不解，好好的一条线怎么能变短呢？

　　教练走开了，长跑运动员还是蹲在那里思考着将地上的线变短。"我知道了，我用手把其中的一段给遮盖掉，不就变短了？"教练笑着说："不对，不对。你这样不是自己在欺骗自己吗？"运动员只好放弃思考，恳求教练告诉自己答案。

　　教练在原先那条线的旁边，又画了一条更长的线，两者相比，发现原来那条线看起来变得更短了。"要想夺得冠军，不应该依靠对手的不足，正如地上的长短线一样，只要你自己变得更强，对方正如原先的那一条线一样，也就无形中变得较弱。如何使自己变得更强，才是你需要苦练的。"教练开口慢慢地说着。

　　短线和长线，其实是一个相对的概念。长线需要有短线做比较才能显出它的长来，短线只有在长线边上才会觉得它是短的。我们反省自己就要与对手或者身边的人做比较。当然，这个比较不是生活物质上的对比，而是自己工作和生活的方式上的对比，在对比中发现自己的不足和缺点。

　　不足和缺点有时候并不容易发现，而是需要有一定的坐标才能让我们清楚地认识到。每一天，我们应该花一点儿时间去反省自己，分辨出其中可以改进和调整的地方。反省就是让自己不断充实的过程，

　　能比别人强当然是好事情，但是让自己走向成功的另一项法则，那就是谦虚。可以和人比，也可以和自己过去比，每天坚持进步，让自己在人格、智慧、行动上坚持不断充实，这是成功不变的法则。

穿越时空的小船

努力承受艰难，尽情品尝快乐，当有能力使事情更加接近完美的时候，就一定要尽自己最大的努力去做。

杰克10岁那年的夏季在外婆家，挪威西部一个山庄里度过。那段时间成了他一生中最难忘的时光，外祖父乔根在他脑海里留下了最深刻的印象。

杰克一直以为人们所需要的东西都可以买得到，可是外祖父似乎想教给杰克另外一些重要的东西。

有一天，外祖父乔根对小杰克说"来，我有点儿东西给你。"他跟着祖父进了地下室，来到一个窗边的工作台前。"你该有个模型船。那样就可以带你到斯托瓦斯多尔湖中去玩了。"祖父笑着和小杰克说。杰克高兴坏了，连忙找模型船在哪里，可是什么也没有。外祖父乔根看出了小杰克的失望，拿起身边一块木头，"这就是船，相信你一定能把它做出来的。"接着，又扔给杰克一把锋利的斧头。

外祖父乔根接着说，"这一定会是一艘很不错的船，你将用你自己的双手做出船的每一个部位。而你自己做出来的东西任何人都给不了你。"杰克在外祖父的鼓励下开始了他的"工程"，那一阵子，小杰克完全痴迷了，祖母喊他吃饭他也没能听见。最后他做好了船身，并做了桅杆和船帆。虽然看起来并不起眼，对于杰克来说绝对是自己的骄傲。他带着自己的小船，真的来到了附近斯托瓦斯多尔湖边，把小船放到水中。一阵微风吹来，把小船吹到了对岸去。空气格外清新而纯净，四周寂静无声，偶尔传来的鸟鸣声是那么婉转。

杰克要回美国去的时候，遇到了麻烦，因为不能带过多的行李，所以小船不能带回家。小杰克多次恳求，却还是不能改变母亲的决定。小杰克伤心极了，他最后一次来到了斯托瓦斯多尔湖，看到了一块曾经在下面躲过雨的巨石。杰克决定把小船放进底部的空地，然后又用些石头将它隐藏起来。想着将来有一天再回来，重新拥有他的珍宝。

　　杰克走的时候和祖父道了别，他自己也没想到这一次离别就成了他们祖孙之间的最后一面。

　　过了许多年，杰克长大有了自己的孩子，他又一次来了挪威。他一个人步行来到了斯托瓦斯多尔湖寻找那艘小船，结果一看四周全是巨石，寻找的希望几乎为零。就在杰克决定折回的时候，忽然发现了一块巨石下堆着小石头。他小心翼翼地移开石头，将手伸进巨石之下，他摸到了什么东西。杰克忽然激动起来，他接着把那条小船拖了出来，捧在手中。

　　小船在那儿停泊了34年，等待着主人回来找它。杰克没有把船带回家，而是在船上刻上了"1930和1964"的字样。因为杰克认为小船的家就在斯托瓦斯多尔湖的巨砾下，应该停泊在那里。

　　在那个宁静的湖边，杰克想起了他的祖父，在那个远离城市的农场中，他不知道疲倦的劳动，使他懂得了人们应该接受并感谢自己所拥有的一切，无论多少。小船成了杰克成长路上的一个起点，让他明白了努力承受艰难，尽情品尝快乐，当有

能力使事情更加接近完美的时候，就一定要尽自己最大的努力
去做。他用自己的方式处理好每一件事情。

　　杰克的小船一直还在，而我们每个人成长过程中的小船
又在哪儿呢？

第三章

时间去哪儿了——与人竞争

物竞天择，适者生存

　　19世纪30年代，达尔文曾经周游世界。有一次，他来到非洲一个原始部落，那里的居民不穿衣服，住在山洞里或者在树枝上搭一个窝，过着茹毛饮血的原始生活。达尔文在那里住了几天，惊奇地发现，这个原始部落保留着十分残酷的习惯：在冬天粮食青黄不接的时候，他们把婴儿或小孩都杀死吃掉，并将老年的妇女赶到山里，让她们自己饿死或者被野兽吃掉。为的是节约出粮食给年轻人。

　　达尔文很惊讶部落里的这种行为，就找到部落的领袖询问。领袖很平静地告诉达尔文，妇女的任务就是生孩子，生下的孩子有两种用途，一是留下来长大以后和大家一起摘果子捕野兽；另外就是在缺少粮食的时候当作食物。而妇女老了就不能再生育，留下她们已经没有什么用处，不吃掉她们已经算是宽容了。这种完全有悖文明人类的思想在片土地上已经存在了很长一段时间，达尔文觉得太残忍了，决心用自己的努力去改变这个原始社会。

他花了一点儿很少的钱从这个部落里买了一个男婴儿，带回了英国，起名叫"达尔文之子"。他想用现代文明社会的教育方式让达尔文之子成为一个文明人。达尔文之子年满20岁的那年，达尔文告诉了这个孩子自己的身世和带他来接受现代教育的目的，并告诉了他的任务就是去改变自己的故乡，那个落后的原始社会。达尔文托熟人把达尔文之子送回了那个原始社会。

送走年轻人的一年以后，达尔文旧地重游，他很想看看那个曾经吃人的原始部落是不是在现代文明青年达尔文之子的手上改变了。可是到处都找不到那个自己精心培养的非洲青年，他只能找到那个部落首领，询问那个年轻男孩的下落。

他问部落首领："我带走的那个男孩回来了吗？"

首领回答："回来了。"

"那他现在在哪儿？"达尔文有点着急地问。

首领先是停顿了一下，接着平静地说道："我们把他吃了。"

达尔文大吃一惊，他没有想到会是这样的一个结果。

"他回来以后什么也不懂，不会摘果子也不会捕鱼，我们留下他有什么用？"首领接着说。达尔文无话可说，他觉得自己把事情想得太过简单，甚至是他害了那个青年。他没有想到从小离开原始部落的孩子，再回到原始部落就可能适应不了那里的环境。即使他再聪明，文明程度再高，也终将被淘汰。

这是一个适者生存的故事，任何一个组织或者社会，为了自身机休的健康，必然会有淘汰机制。改变环境的难度大得不可想象，在这样的制度之下，只有两种身份可以扮演，淘汰者和幸存者，如果天天不进取，最终只能被对手所淘汰。

人生而有欲，竞争就是满足欲望的过程，竞争自人类存在的那一天起就有了，没有人能跳开竞争之外。所谓的成功就是在各自领域竞争中取胜，成功者有着坚韧的毅力，勇于拼搏，不断进取的精神。强劲的对手让我们的人生充满了乐趣，也使我们在竞争中不断进步。

有对手才有胜利

一位动物学家对生活在非洲大草原奥兰治河两岸的羚羊进行了研究。他发现东岸的羚羊繁殖能力比西岸的强，奔跑的速度也不一样，每一分钟要比西岸的羚羊快13米。对于仅仅一河之隔的两群羚羊，为什么会出现这么大的差距。这位动物学家百思不得其解，因为它们生存的环境和属类基本是一样的。

有一年，他在动物保护协会的帮助下，在东西两岸各捉了10只羚羊，把它们都送到对岸去，并在羚羊身上做了明显的记号，以便研究之用。过了一段时间，西岸送到东岸的10只仅仅剩下了3只，那7只全被狼吃掉了。

这位动物学家明白了其中的问题，东岸的羚羊之所以强壮，就因为在它们附近生活着一个狼群，西岸的羚羊之所以这么弱小，是因为它们缺少了一个强劲的对手。

　　故事到此告一段落，我们把眼光收回到我们自己身上。很多的优秀的人并不都是天生就比一般人要厉害，而是在竞争中，他们通过自己的奋斗慢慢地让自己成长起来了。我们听多了成功者艰难的奋斗经历，很多时候却忽视了他们竞争对手的贡献。

　　在看热播电视剧《康熙王朝》的时候，让很多人为之动容的一幕是年迈的康熙在六十大寿的时候，为已故的对手们敬酒的场面。他在感谢他的对手，是他们成就了康熙的宏图伟业。我们总是害怕强大的对手，因为那意味着我们失败的可能就很大。感谢对手，那是一种怎么样的胸襟和气魄。

　　如果游戏中只有一个人参与，迟早会厌倦胜利。当胜利来得轻而易举的时候，我们体会不到那种战胜强敌的快意。一个人的舞台会显得格外寂寞。金庸笔下的独孤求败是一个顶级的高手，可是他因为找不到对手而郁郁寡欢。

　　不要因为弱小而不敢与人竞争，弱者有自己的生存方式，只要相信弱者不弱，勇敢面对对手，同样能培养出竞争意识。自然界有这样一条定律，弱者有弱者的生存空间。无论强者还是弱者都有适应自然法则的一套本领，只要认真地生活着，并不在意自己的强大还是弱小，只要你拥有自己游刃有余的空间，充分发挥自己的优势。优势就会弥补不足，很可能就会在竞争中取胜。

人要成功必须要勇于接受挑战，没有挑战的人生就好像没有色彩的画布。我们也要学着感谢我们的对手，是他们让自己在不断进步，是他们让人生充满色彩。

做一个简单的对手

　　竞争总要比出个好坏来，目的是为了从中得到肯定，不知道是不得已还是求胜心切，很多时候我们会不按规则打牌，总是在寻找捷径。竞争不是以打击对手为目的，胜利只是一个期待的结果，而不是生活的全部。

　　2002年6月，中央电视台的对世界著名的实验物理学家丁肇中先生进行采访。因为有感于其成功经历，当记者问及："我感觉您每一个人生阶段的选择都有明确的选择，一个人怎么就能够每一次选择都那么坚定和正确呢？"丁老回答："不知道，可能比较侥幸。"记者马上追问："没有必然吗，在这里面？"丁老回答："不知道。"记者还不死心，觉得答案太过简单。"怎么能让自己今天的选择，在日后想起来不后悔？"丁老依然回答："我不知道。因为我还没有后悔过，所以我真的不知道。"记者有点无奈："我发现现在咱们谈话过程中，您说得最多的一句话就是'我不知道'。"丁肇中笑笑，这次做了正面回答："是！确实是事实。不知道的，你绝对不能说知道。"

美国心理学家曾经做过一个耐人寻味的调查，他将550个描写人的形容词列了一张表格，让大学生从中选择出他们喜欢的品质和厌恶的德行。结果显示，评价最高的性格品质是"真诚"，最差的品质是"撒谎""虚伪""不老实"。想起来很多女性朋友谈到对自己心目中的丈夫首要一点要求，就是人要实在。在这一点上基本上都能达成共识。我们希望自己的朋友真诚、实在，而绝不会喜欢常常欺骗自己的人是自己的朋友。

古龙小说里常说，伤害自己最深的人常常是自己最亲最信的人，宁愿多一个敌人少一个朋友。想来让人有点不寒而栗。人与人的相处之中，不管是朋友还是敌人，不管是合作还是竞争，都需要一份坦诚，坦诚的对手才是让人敬佩的。

做一个简单的对手，也是坦诚对待自己。这样的竞争中才能真正了解自己的不足，不知道就是不知道，不如人就是不如人。即使输了，也能赢得对手的尊敬，而这样的竞争才是有意义的竞争，不单单是输赢，而是一种人生的哲学。

　　如今大家都有竞争意识，简单是一个合格的竞争者最基本的要求。简单是一种返璞归真的智慧，看似简单，实则深刻。

想赢，就挺到最后

　　高考时因为语文差了一分，唐骏和自己心仪的大学失之交臂，去了当时并不出名的北京邮电大学。由于学校和专业自己都不喜欢，不满、自暴自弃的情绪一直伴随着他度过了大学3年，专业成绩中等水平都达不到。大三在中科院半导体所实习的时候，唐骏第一次看见了计算机。刹那间明白了3年的懈怠是个多大的错误。凭着自己的观察和判断，唐骏放弃了原来的物理学专业，开始攻读第二专业——光纤通信。结果证明他这一步走对了。

　　他用几个月的时间完成了别人4年的课程，而且还要考研。在同学看来这也许只不过是最后的疯狂，即使再努力最终结果只能是徒劳。可是考试成绩出来，所有人都大跌眼镜。在北京邮电大学的研究生考试中，唐骏获得了光纤通信第一名。

　　在一阵欢喜之后，唐骏怎么也高兴不起来了，因为大学前3年成绩不佳，从没有获得过"三好学生"，即使是专业第一，在北邮的出国名单上，唐骏的名字还是被删除了。面对打击，他没有放弃，四处打听消息，发现北京这一年一共分到75个出国名额，而这一次研究生考试英语题很难，很多人因为英语成绩没有上线而失去了升学的机会，整个北邮只有5个学生英语上线。唐骏心想其他学校肯定有一些名额用不上，这样一想，唐骏看到了希望，即使是希望渺茫也要坚持，他找来每一所大学的联系方式，打了不知道多少电话去询问是否可以得到他们多余的出国留学名额。

　　唐骏终于证明了自己的想法，他在北京广播学院找到了空缺的出国名额。他亲自跑到北广，也许是被唐骏的真诚感动，那位负责的老师很快就把档案从北邮调到了北京广播学院。

　　事情似乎又进了一步，成功就在前方，意外又考验着这个年轻人的毅力。虽然在北广得到了出国的名额，但是已经错过了报给教育部的期限，需要自己把材料交上去。唐骏拿着介绍信，去找教育部出国司的副司长。在别人的帮助下他找到了人，但是人家根本就不搭理他。没有钱也没有门路的唐骏在出国司的大门口足足等了两天。早晨8点，远远看着副司长来了，他赶紧打起精神，对迎面而来的副司长点头微笑："您好，您上班了啊？"下午6点，他站在大门口，紧盯着从办公室出来的人群，看到副司长，又微笑着说："您好，您下班了啊？"翻来覆去就这朴素的两句话。

原本看都不看他一眼的副司长，没想到年轻人还有这样的毅力和决心。两天后的早上，副司长被他的真诚和快乐感动了，笑眯眯地对他说："是你啊？你等会儿，我看看你的资料。"听到这句话，唐骏的心一下飞上了天。"我给你报上去，不过批不批就不知道了。"唐骏还是满怀信心。实际上这位副司长掌握着出国留学的审批权。就这样，唐骏获得了去日本留学读研究生的机会，毕业后又赴美读博继续深造。

成功都需要一个艰苦奋斗的过程，真正成功的人是能坚持到最后的人。我们总是看到成功的结果，虽然每一个成功的人不一定是聪明过人，但都是在很多人放弃的时候能继续坚持的人。

想赢，就挺到最后。

成功需要一点儿心思

　　面对对手的强大不是自卑气馁，而是再花一点儿心思，四两拨千斤不是神话。面对失败不能消沉，而应该花更多的心思去争取成功。面对强大的对手还是要能亮出自己的宝剑一搏；面对困难还是应该多花一点儿心思去克服。

　　顾小兰和丈夫来到西班牙的马德里生活了4年，刚来的时候语言不通，人生地不熟，夫妻俩生活很艰难。本来顾小兰想坚持到丈夫完成学业，两人就可以开始美好的明天了，没想到等来的却是丈夫留给她的一张离婚协议书，就跟一个富商的女儿悄悄走了。

　　两个星期紧闭门窗，没有人能想象她所经历的心理历程。当两星期后她打开房门，面对着这个美丽的城市，她决定勇敢地站起来，活得更潇洒。

西班牙是个足球的国度，马德里是球迷的天堂。这里有世界上著名的球队，皇家马德里队当时拥有着5名世界级的顶尖球星。来这里看球、旅游的人不计其数，顾小兰决定拿出所有积蓄开一家小店，卖些足球、球衣之类的小物件。

这样的小店在马德里城里有无数家，小店经营得并不顺利，要维持生计都成了很大的问题。怎样才能让自己的小店维持下去？一个偶然的机会让这位独处异国的女子看到了机会。有一次，一名外国游客问她有没有卡洛斯签名的足球，如果有游客愿意高价购买。看着顾客失望离去，顾小兰忽然意识到了这是一个巨大的商机。她开始到处打听卡洛斯的消息，比任何一个球迷都要热情，经过一番努力，终于打听到了卡洛斯常去的酒吧；那一天顾小兰就一直在那个酒吧等待球星的出现。

晚上8点的时候，卡洛斯从汽车里出来，他的身边始终跟着两个威猛的保镖。顾小兰马上迎上去请求签名，像对待所有热情的球迷一样，卡洛斯为她签上了自己的名字。而就是这个足球，刚摆上柜台，就有好几个人过来争着要买这个球。原本

15欧元的球，最后以703欧元成交了。

接下来顾小兰有了一个大胆的想法，她要经营一个专门出售明星签名纪念品的签名公司。要让自己的公司在竞争中取胜，就得有不同寻常的创意。在前面成功的基础之上，她想出了请皇家马德里5位巨星共同签名的足球计划。

这个计划执行起来并不那么容易，这5个明星平时根本不在一起出现，而唯一可能出现的就是比赛场上，找他们签名几乎是不可能的。顾小兰又在酒吧等明星出现，这一天她看到了齐达内和劳尔同时出现，顾小兰本以为这次机会一定能抓住，可是在保镖的保护下，却怎么也靠近不了两位明星。

这次失败让顾小兰觉得原来的办法行不通了。她苦思冥想，一个大胆的办法出现在脑海之中，她找来了服务生衣服穿上，假扮成服务生在厨房用海蜇皮和黄瓜做了一道中国菜。她把这道海蜇皮拌黄瓜紧张地端到了卡洛斯等3人的跟前。明星们奇怪怎么会有这样的美味小吃。顾小兰就不失时机地介绍了自己，并告诉他们这是中国小菜，如果想品尝其他美味小吃，她愿意专门为他们做，而且有空儿的时候可以和其他明星一起来自己的公司尝鲜，三人爽快答应。

接下来的苦苦等待并没有等来明星大驾光临。3个月过去了，似乎没有了结果。顾小兰没有放弃，她主动出击，连续一个星期都端着蜇皮拌黄瓜这个小菜，等在明星经常出现的地方。终于在不懈地努力之下，顾小兰接到了一个电话，在电话那头的卡洛斯说要再次品尝美味的中国菜。在卡洛斯的带领下，其他5名球星一起来到了顾小兰家。走下球场的球星谈笑风生，幽默诙谐。顾小兰在闲谈之中说出了自己的计划，球星们为她的坚强所感动，表示全力支持她的事业，5位明星同时在50个足球上签上了自己的名字。

这个消息在马德里很快传开了，前来买球的人踏破了门槛。这些球都成了宝贝，仅仅用了4天时间，每个球的价格高到5万欧元，而一些有钱的球迷更开出了10万甚至20万的天价。当球销售一空的时候，顾小兰奇迹般地成了百万富翁。

你想不到的，对手会让你想起来。竞争不一定要你死我活，却要再花一点点心思，成功从来都不是轻而易举的事情。面对出现的问题，再动动脑子想到对手想不到的，才能更接近成功。

第四章

时间去哪儿了——笑

笑的好处

科学研究表明，笑对人的身体有诸多好处：

一是促进大脑内腓呔的分泌，让身体放松，起到愉悦和镇痛的效果。

二是笑有助于扩张血管，经常开怀大笑，有助于人体预防心脏病和中风的发生。与此相反，情绪低落，特别是压抑和紧张将让人体更容易生病或者不易康复。

二是可以把平常的胸部呼吸变成腹部呼吸。因为笑是从腹部发出来的声音，而腹部呼吸比平常的呼吸效率可以提高一倍，从而实现体内节能，减少体内能量的消耗。

四是笑的时候大脑是空白的，人在开怀大笑时会忘记一切，大脑空白能够产生动态冥想的作用，从而使大脑中枢神经得到调节和保健。

　　五是笑是横隔肌的运动，能对内脏起到体内按摩的作用，使消化系统、排毒系统等保持正常的功能。

　　六是能调节自律神经，从而达到治疗失眠的作用。

　　七是笑可以提高人体的免疫能力。

笑的艺术

在人际交往的过程中，笑能带来许多意想不到的效果。笑，能使人变得善良友好；笑，让人觉得喜庆吉祥；笑，让人感到喜气自然；笑，表明你心胸坦荡。当你坦诚地笑的时候，友好的笑让彼此坦诚相对，敞开心扉。

笑也是一种艺术，可以有很多类型的笑，例如，奸笑、淫笑、开朗的笑，等等。在面对别人的时候，最忌讳的就是奸笑。因为如果你奸笑的话，别人就会认为你是在欺骗他，本来的好心也变成了图谋不轨。有些人天生的笑就是一副奸相，也许会说这是很不公平的，心理学家说其实这是可以改变的。天天面对着镜子学学怎么微笑，看到有镜子的地方都调整一下自己微笑的样子，这样的话，久而久之笑容也会变得美丽而有亲和力。这就是变相的秘诀。

一位经理在培训销售员工的时候说："客户来了，迎接他你要笑，客户不好看你要笑，客户很坏你要笑，客户不买你也要笑，总之你就是卖笑。"台下的员工哈哈大笑。很早有人提出了微笑服务，微笑被用作一种商业手段，为企业创造财富。而笑有的时候，也会无意间伤害到别人。面对别人的不幸，还是一样微笑的话，只会招来白眼和仇恨。更不能把别人的不幸和错误当成是谈资，加以评论和嗤嘘。虽然对方当时可能不会马上发作，也许会通过各种方式泄恨，至少也会因为你不合时宜的玩笑而疏远你。

笑也要分场合和时间，笑也有笑的技巧，我们可以把它当作一种手段，有意识地巧妙地运用它。例如，到某处去找朋友、同学时，对你所见的第一个人或收发室的人微笑，笑得谦虚热情，表示对他给你的热情致以谢意；在见到你要找的人之后非常高兴，你可以把他所处的外部环境留给你的印象告诉对方，并对对方在如此优美的环境里学习、居住表示羡慕；或告诉他此环境中的每一个人都彬彬有礼，你羡慕此地的情谊。这种快乐的心情和他所处环境的赞美，都会给对方带来好情绪。

在听对方谈话时，要怀着一种亲切的、满意的、非常有兴趣的神情认真倾听。脸上要带着一种长久的微笑，那么说话的人就会越讲越爱讲，他会由衷地喜欢你这位听众。

　　笑是一门艺术，找到自己美丽的笑容，让它装点我们的生活，让我们觉得这个世界更加美好。

对自己微笑

　　世界上最神奇的力量就是笑，它能消除一切压力和恐惧。在每个人成长的过程中总有很多的事情不能忘怀，他们或者是甜美的记忆，或者是痛苦的伤疤，在我的回忆中，中学时期的一次演讲，现在想来还会有满怀的温暖。

　　学校第一次演讲比赛，要以班级为单位，每个班选择一个人去参加。老师在教室里问有没有人自己报名参加，大家都没有出声，那时候变得特别安静。在经过了一阵有点尴尬的沉默以后，老师叫了一声我的名字，喊我出去。

　　我知道作为语文课代表的我，将成为这次沉默的牺牲品。接下来的一天，我一直在焦虑之中。一想到要在全校学生老师面前演讲，就心头一沉。对于那时候内向的我来说，这样的一次演讲绝对不是一件轻松的事。我在班上读课文的时候声音都会颤抖。那一个晚上我一直想着明天的演讲，根本没有睡好，睡着了就梦见了自己在全校同学的笑声中跑下了演讲台。

第二天下午因为要进行演讲比赛，大家都很高兴不用上课，而我却像一个等待行刑的犯人一样忐忑不安。演讲稿已经准备好了，却怎么也想不起来里面的内容了。当在台下听着别人演讲的时候，我却两腿发抖，一直在想着我上台时候的表现。当主持人喊到我的名字的时候，我忽然脑子一片空白，旁边的同学拍了我一下，才反应过来是该我上场了。

站上演讲台，我不敢抬头，像个犯罪的坏人。

我看见了坐在前面的校长一直对着我微笑。"对了，微笑。自己没问题的。"我对自己说。当我抬头微笑的那时候，忽然恐惧压力消失不见了，我找到了自己，接下来的表现让大家都吃惊了。我把原本演讲稿中的一段歌词唱了出来，我听不见自己的声音，记忆空白了一段。

接下来的情节是我拿了这次演讲比赛的第一名，我很意外，也很高兴。那时候我战胜了恐惧，因为我自己对自己微笑。我还是那个读课文容易紧张得颤抖的我，没有改变，不过从那以后，我一紧张的时候就提醒自己"对自己微笑"，慢慢就放松了下来，真的挺管用。后来看了书也发现，微笑有利于消除紧张恐惧。

对自己微笑是一种心理暗示，它让自己更为自信。

后来听一位成功学专家演讲的时候，常说他做业务员，见人以前的时候，总是在厕所里对镜子微笑："我是最好的，我是最棒的。"我第一次听到的时候只是感觉有趣而已，后来明白了，自我激励的作用是很大的。我们不必对着镜子说"我是最好的，我是最棒的"，但至少，别忘了对自己笑一笑。

赞许的力量

　　面对着那些为理想奋斗的人，一个赞许的微笑可能就是他们前进的动力。生活中少一分指责，多一分赞许，让人充满信心，心情愉悦。

　　许多年以前，小男孩在一个工厂里做工，生活很艰苦。但是在艰苦的环境下他没有放弃梦想。他喜欢唱歌，他一直梦想成为一个歌星。他找到了自己的老师，第一位老师告诉他，"你不合适唱歌，你根本五音不全"；第二位老师还是这么告诉小男孩。小男孩有点泄气，他想也许自己还是应该老实在工厂干活，而不应该做什么歌星梦了。

　　小男孩的母亲却一直支持着他去上课，这位贫穷的农妇搂着泄气的孩子微笑称赞他，"孩子，你一定能唱歌，你看看你现在进步已经很大了，只要你肯努力，你会唱得比谁都好。"
母亲为孩子节约下每一分钱，供儿子去上音乐课。这位母亲的
支持和赞许，给了小男孩无穷的力量，让他一直前进，孩子的
一生真的改变了。

　　小男孩成了那个时候最为伟大、著名的歌剧演唱家。如果
没有小男孩母亲的支持和赞许，等待小男孩的将永远是无情的
打击，那么人们就失去了一位著名的歌唱家，小男孩只会继续
在工厂艰辛地工作。

　　心理学家以动物和人的试验来证明：当减少批评，多一些肯
定和赞许，人所做的好事就会增加，而不好的事因为忽视而渐渐
萎缩。我们很多时候怀着私心或冷漠，对别人的行为抱着贬低或
者批评的态度。

　　没有爱迪生母亲对儿子孵蛋行为的肯定和赞许，也许就没
有了发明大王的成功；没有老校长对韦斯特的赞许，可能就没
有成为写出多本畅销书的著名作家的成功，英国文学史上就缺
少了不朽的一页。也许那是一句微不足道的赞许的话，在适当
的时候，却给了那些需要肯定的人无穷的力量，给了那些身处
逆境的人奋斗的信心。

在玫琳凯化妆品公司，赞美是最重要的，并且贯彻到公司整个营销策划中。有一次，公司新进入一名美容师，在前两次发表会上，她什么也没有卖出去；在第三次发表会上，只勉强卖掉了35美元的化妆品。她几乎丧失了信心，准备退出。这个时候，公司主管热情地对她说："你已经卖出了35美元的产品，太棒了！"而正是这句话，鼓舞着这位美容师，后来，她继续努力，销售能力上去了，后来还成了地区销售经理。

赞许不是不负责任的敷衍，也不应该是怀有不良动机的阿谀奉承，而应该是发自内心的肯定和支持。在生活和工作中看到别人的优点和潜力，从正面评价生活，赞美生活。赞许可以是温暖的微笑或者肯定的话语，就像阳光一样洒入心田，不能吝啬那份阳光，让它普照周围的每一个人，也许就是你的这份阳光，使他人一生受益。

微笑的魅力

　　商场里的营业员，总是被老板教训说要微笑服务，微笑对客人。以前听过要求员工笑的时候露出4颗牙的老板。老板们总是些很精明的人，他们知道微笑的经济价值。

　　有一次，我去商场买东西，刚好快要下班的时候，顾客很多，营业员忙个不停。我前面有个中年妇女在买酒。她觉得其中的一瓶包装有点破损，要求营业员给她换个好的。营业员忙了一天，于是冷冰冰的一声不吭，转过身去从柜台拿了一瓶酒给她。谁都能看出营业员的动作充满了火药味，她的火气随时都可能爆发。中年妇女刚走开两步，又一个回头，她决定还是要换一种酒，不要原来的酒了。

　　我可以看出营业小姐终于按捺不住，就在她眉目倒竖，刚要发作的时候，一个奇迹出现，那个中年妇女脸上出现了一个真诚的微笑："谢谢你呀，你真是肯帮忙，给我扎得这么好。"这个出乎意料的笑脸和称赞使营业员小姐感到惊讶，她有点不好意思，绷紧的脸顿时松弛下来，疲劳的神色从脸上消失，脸上放出了光彩。她为那位中年妇女热情地换了酒，又微笑地转过身来接待我，声音也很柔和。微笑就这样传递着，没有人能拒绝真诚的微笑，微笑可以化解一触即发的矛盾，微笑可以肯定别人的工作，让别人高兴，自己也开心。

有外国朋友问我，中国的营业员是不是不高兴别人去买东西，为什么总是显得那么不愉快。我很难回答，也许原因有很多，这好像是个社会问题。也许大家的生活都不轻松，连可以微笑的动力都没有，也许大家觉得微笑都很珍贵，对陌生人不屑施与。

人人脸上都有微笑，一定能创造出一个令人愉悦的环境，和睦相处变得容易得多，很难想象有人会去和微笑的人吵架。

以前有个年轻人总是觉得和别人很难相处，觉得大家对他有很多意见。可是又不知道到底是自己什么做得不好，于是他找到一位寺院的僧人说了他的情况，期望从僧人那里得到问题的答案。僧人听了他的问题，对他笑笑，说这个很容易解决，写给他一张字条叫他回家按照字条上的要求去做就可以。年轻人将信将疑，回到家打开一看，里面有两个字"微笑"。年轻人开始不明白其中的意思，但是他还是按照字条上的去做了，他脸上总是挂着微笑。

时间一长，他发现别人对他也是微笑着的，他忽然觉得大家对他都变得很友好。他明白了僧人的禅机。笑是我们与生俱来的能力，也不需要去学，可是我们很多时候却忘记了这份不花钱的礼物。微笑着面对别人，人生就变得有味。

微笑让人美丽，何必吝啬

在大学以前，因为我的家离学校一直很近，所以不用像其他同学一样住在学校。但是我心里却一直很向往6个人一起住的集体寝室。这样大家可以一起去上课，闲暇时候待在一起，或者聊天讲有趣的事情，或者听听音乐唱唱歌，那份轻松自在、无拘无束多么让人心旷神怡。来到大学，我终于如愿搬进了集体寝室，满心欢喜，以为自己来到了理想中的"乐园"，谁知道接下来的生活让我很不适应，是是非非，恩恩怨怨，吵吵闹闹，集体生活并不如我以前所想象的那样。

一起生活的同学什么样的都有，有的小气，斤斤计较，为了别人不小心说错了一句话或者做错了一件小事就大动肝火，翻脸不认人；有的无聊至极，总喜欢在人背后对别人评头论

足、说长道短，以此为乐；有的人骄横霸道，不可一世。处理
这个复杂的关系，让我觉得"群居"生活并不轻松。

为此我找到了辅导员，我向他述说了我的情况，问他怎么
样才能在这个集体中让自己愉快，也能给别人带来愉快？辅导
员笑笑说，我送你四句话就行了，接着他在白纸上一句句写了
下来。

第一句"把自己当成别人"，在自己痛苦和忧伤的时候，
就把自己当成别人，这样就会减轻自己的痛苦；当别人欣喜若
狂的时候，把自己当成别人，那样狂喜就会变得静如止水。

第二句"把别人当作自己"，就可以真正为别人着想，同
情别人的不幸，理解别人的需求，并且在别人需要的时候给予
适当的帮助。

第三句"把别人当成别人"，要充分尊重别人，在任何情
况下对别人不可侵犯的核心领地都保留一份敬意。

第四句"把自己当成自己"。我已经不明白其中的意思了。

这四句话相互矛盾，我在想是不是辅导员故弄玄虚，不
过简单的几句话的确有着很深刻的人生哲理。他还是笑着对我

说，看似矛盾的表达之中，却可以找到统一。而这需要用自己的一生的时间和经历去实现它们。

　　生活中我们难免有一不小心犯错误的时候，有时犯了错之后马上意识到了自己的错误，心中已经不安。在这个时候，大可不必去指责、中伤对方，为何不能温和宽容对待，微笑面对。我们不是完美的人，身上的缺点和短处有时我们自己并不清楚，甚至知道了也可能不原意去正视。很多时候，我们如果能从自己出发，衡量一下自己，事情就变得温和了许多。面带微笑，你会发现一份难得的温暖，特别在自己犯了错误的时候，那份宽容的微笑，成为化解一切不愉快的药。

　　成者王侯败者寇的道理很多时候不适用，自己的同学、亲人、爱人又会有什么对错呢？还是要生活或者工作在一起。面带微笑，心怀宽容，使自己理解别人，无论对错自己都是愉快的。宽容的微笑让别人乐于接近你，生活变得轻松友好，微笑待人别人又怎么会恶脸相迎呢？

　　微笑让人如此美丽，何必吝啬。

心存感激，面带微笑

一味地抱怨生活就永远只能生活在烦恼之中，而对生活中的一食一饮、一布一衣都能心存感激，那么生活必将充满阳光。

有人问一位快乐的盲人："你什么也看不见，这么活着觉得痛苦吗？"盲人的回答让他有点惊讶，盲人回答："我痛苦什么，和聋子相比，我能听见声音；和下肢瘫痪者相比，我能行走；和哑巴相比，我能说话。之所以能活得比较愉快，就因为我学会了感谢生活。"

人的一生当中，总是在苦苦追求一些东西，一旦得到了之后，往往发现这种千方百计弄来的东西并不能满足自己不断膨胀的欲望。而对自身所拥有的一切，平时很不在意，而一旦失去之后，才感觉是那么珍贵，比如健康、爱情，甚至是我们的亲人。

在第一次世界大战期间，美国著名飞行员贝克驾驶的飞机在太平洋上坠毁，他却死里逃生，在救生筏上整整漂了21天后，被一艘经过的渔船救起。回到祖国以后，有记者问他："从这件事情中，你学到了什么？"贝克很快就回答："假如有水喝，有面包吃，你就应该感谢上帝。"

难道只有经过死亡边缘的人才知道生命的珍贵？可是并不是每个人都能有绝处缝生的机会。多数人总是对现状不满，贪心不足，对拥有的东西不懂得感激。

对生活充满感激之情，并不是虚无缥缈的概念，而是可以实实在在做到的。我们感谢一日三餐，感谢父母的养育，感谢朋友的帮助，能够活着其实是很不容易的事情。

当一个人呱呱坠地，来到这个世界，什么都还没来及做的时候，他就已经开始拥有了很多：父母的养育、灿烂的阳光、温柔的清风、鲜艳的花朵。这一切美好我们怎能视而不见？

有位畅销书的作家在她事业有成之后却坦白说她没有满足感，虽然可以自己买得起名牌手表和服饰，也开得起豪华跑车，甚至能够到私人小岛度假，即使每天有好友在旁的生活，还是感觉悲伤、空虚和茫然。

在她的小说中这样写道："我比我原先梦想的要富有得多，可是我还是常常感到难过。钱财不等于快乐，我不知道什么东西能带来快乐。"这位畅销书作家为钱奋斗了大半生才觉悟出"有钱不一定快乐"的道理，而似乎这样的人为数不少。如果肯安静下来体会生活，我们会发现感恩之心是快乐的秘诀。

人之所以不快乐是因为自己出了问题，当我们把我们自己的问题给解决或者修复好，似乎就可以了。而不知道感恩是我们生活得不快乐的一大原因。

年轻的时候，我从学校回到家中，把脏衣服一扔，就什么也不用管了。因为我母亲会帮我洗好，并晾干。而在家吃完饭，把碗一扔，自己就去房间看电视去了。我一直不以为然，觉得这一切似乎都是理所当然。从小到大，这一些家务琐事都是母亲一个人默默地解决。自己长大了，有了自己的家庭，才发现理所当然的背后是母亲一如既往的默默付出。这个时候，你才发现自己的母亲是那么伟大，同时她也已经是满头白发了。

心怀感恩才能去爱别人。很多时候，我们习惯了别人对我们的付出和关爱。他们可能是我们身边最普通的人，父亲、母亲、爱人、老师……在你生活中他们一直陪伴着你。在这之间可能会有矛盾，会有不愉快，但是他们都会宽容对你，包容你的无知和任性。

我们也会成为被别人感激的人，因为我们知道了感恩。能感知到我们身边的爱，怎么能不让我们快乐地微笑呢？

第五章

时间去哪儿了——爱

超越生命

在医学院上学的同学小丽和我说了一个这样的故事：她们用成年小白鼠做某种药物的毒性试验。在一群小白鼠当中，一只腿上因为有一个小肿块而被淘汰出了试验。我这位同学因为好奇，就把这只小白鼠放在了一个塑料盒里，单独饲养。

时间一天天过去，腿上的那个肿块变得越来越大，小白鼠的腹部也逐渐大了起来，活动显得很吃力，这是肿瘤转移产生腹水的结果。

有一天，小白鼠忽然变得反常，它不吃不喝，焦躁不安起来。小白鼠可能意识到自己的生命已经快到尽头，小丽就找来了手术刀，准备解剖这个小白鼠，取下那些新鲜的肿块组织进行培养观察。正当打开手术包，准备动手的时候，接下来的一幕，把她完全惊呆了。

小白鼠艰难地转过头，死死咬住已有拇指那么大的肿块，猛地一扯，皮肤裂开了一条口子，鲜血一下涌了出来。小白鼠疼得全身颤抖。接下来，它一口一口地咬下那个即将要夺取它生命的肿块，每咬一口，都伴随着身体的痉挛。就这样，一整块肿块就被吞食了下去。小丽被小白鼠这种渴望生命和祈求生存下去的勇气深深感动，她觉得没有理由结束小白鼠的生命。

第二天早上，她匆匆来到小白鼠的面前，看看它是不是还活着，让小丽吃惊的是，自残的小白鼠身下，居然卧着一堆粉红色的小老鼠，正拼命地吸着母亲的乳汁，数一数，整整10只。小白鼠的伤口停止了流血，左前肢腋部由于咬掉了肿块，白骨外露，在鲜红的伤口中显得特别惨。不过小白鼠的精神却比前两天要好了一点儿，慢慢地也能活动几下。

肿瘤没有就此痊愈，而是继续折磨着成了母亲的小白鼠。小丽很担心小白鼠什么时候就会忽然死去，而那10只小白鼠的生命也就一同消失了。它们会因为母亲的死亡而被饿死。小丽每天都会在这群小白鼠边上观察上一阵子。

　　原来的伤口还没有痊愈，小白鼠的肿瘤却又慢慢变大。看着10只一点点长大的小白鼠，看着一天天消瘦的母鼠，死亡距离它们都是那么近。这一次成为母亲的小白鼠没有咬掉继续长大的肿块，也许它知道它的生命已经不能再经历这样一次"治疗"了。小丽知道母老鼠可能随时都会死去。

　　这一天终于来到了。在生下老鼠仔21天后的早上，小丽再次来到塑料盒子旁边，发现小白鼠已经僵硬了，一动不动，10只仔鼠围满四周，小白鼠的离乳期是21天。也就是说，从今天起，仔鼠就不需要母鼠的乳汁，可以独立生活了。

　　听完小丽的这个故事，总忘记不了小白鼠咬自己腿的那一幕。母爱可以伟大到伤害自己生命的程度，动物如此，更何况人呢？

母爱

夏天的傍晚，天色不错。我走出家门去附近的一片空地上散散步。在那一大片空地上，看见一个小男孩和一位妇女，应该是一对母子。那个男孩子正在用一只做工粗糙的弹弓打一只立在地上，距离他七八米远的玻璃瓶。

我于是站在不远处看着他们，小孩子认真地一次次瞄准，可是每次都是忽高忽低。看小男孩的个头已经不算小了，我没想到他打得这么没有水准。那位母亲坐蹲在孩子边上，从一堆石子中捡出一颗，轻轻递到孩子的手中，安详地微笑着。那孩子便把石子放在皮套里，打出去，再取过一颗。

我看了一会儿，有点按捺不住，打了半天一颗也没有打中。可是孩子还是在很认真地打，母亲也没有说什么。我走上前去，微笑着对那母亲说："让我教他怎么打准。"男孩听到了有陌生人的声音，停住了手上的弹弓，但还是看着瓶子的那个方向。

"谢谢你，不用了。"她停顿了一会儿，手指了指她自己的眼睛，示意我她的孩子看不见。

我愣了一下，喃喃地说："噢，他喜欢玩这个？"

"别的孩子都这么玩，他也想。"

"他，怎么能打得中啊？"话一出，忽然觉得自己有点唐突无礼。

"他行的，我一直对他这么说。是吧，小宝？"她对孩子满怀深情地问道。

孩子没有出声，用力地点了点头，拿起弹弓继续瞄准。看着他打的石子远远飞出，母亲还是什么也没有说，还是安详地捡起地上的石子，递给他的孩子。小男孩的频率已经没有了原先那么快了，很明显是累了。

我慢慢地发现，这个孩子打得很有规律，他打一弹，向一边移动一点。打一弹，再转一点儿。然后慢慢地移回来，他只知道大致的方向。而母亲没有给他任何的提示。我有点看不下去了，我想他这个样子今天是怎么也不会打中了。

夏风阵阵袭来，天色也渐渐黑了下来，我得赶紧回家了，不然什么也看不见就得摔跤了。那由皮筋发出的"啪啪"声和石子崩在地上的"砰砰"声在单调地重复着。我想对于这个孩子来说，白天和黑夜没有什么区别。

我向他们道别："回去吧，天都黑了，今天是打不中了。"

"可以的。"母亲还是微笑而平静地回答。

我说了声再见转身就离开了。走出不远，身后传来一声清脆的瓶子的脆裂声。接着传来一阵阵欢呼的声音。我想这孩子挺幸福的，那一声瓶子的脆裂声将被永远的记忆，母亲的爱会被永远记忆。

父爱

　　幼年的时候，我觉得父亲是个英雄，天塌下来也有父亲高大的身躯顶着；

　　少年的时候，我知道了父亲也有不懂的地方，而且父亲老是忘记答应买给我的新自行车；

　　青年的时候，我觉得父亲什么都不懂，自己的个头已经比父亲还要高了；

　　中年的时候，才发现老父亲说的很多话是对的，当初怎么就没有听他的意见，这时候自己也成为了父亲；

　　老年的时候，发现年轻的孩子不听自己的话，而那些话好像是老父亲以前对我说过的，这时老父亲已经不在了。

　　我想讲一个关于大鱼父亲的故事：父亲从小就给孩子们讲

述他的故事，他在年轻的时候收到过一条大鱼的礼物，随后又
在旅途中结识了一位老巫婆，以及一个外表凶悍却内心善良的
巨人。在一个如世外桃源般的地方"幽灵城"小住，还为一名
人狼身份的马戏团老板当过打工仔。参加过朝鲜战争，不仅全
身而退还顺便欣赏了连体姐妹的演唱会。

　　孩子们听得认真极了，他们一直以为父亲是一个伟大又神奇
的英雄。父亲奇幻的历险生活比任何一部童话都要精彩。儿子甚
至在同伴中炫耀他神奇的父亲，当别的孩子有所怀疑的时候，儿
子就像受了侮辱，用自己的拳头去捍卫自己的父亲的故事。

　　在父亲的童话下，孩子们幸福地成长着。当孩子们慢慢长
大，长大的孩子开始对父亲的故事的真实性产生了怀疑，他认
为当年耻笑自己的同伴是对的。面对一次又一次重复讲述的故
事，长大的孩子开始觉得父亲只不过是一个喜从火中朗说的老
头子。

　　成人的儿子开始对父亲的吹嘘产生了厌恶，他对父亲不厌
其烦的吹嘘厌恶极了，甚至不再同父亲讲话。他觉得父亲就像
个傻瓜沉醉在自己编织的故事里不能自拔。

　　父亲年纪大了，在病床上奄奄一息，面对固执的父亲，儿子忽然为自己的行为感到羞愧。他想起了自己年幼的时候，因为父亲神奇的童话而让自己的童年充满了色彩。他决定要在父亲这些最后的日子里为父亲童话的一生编织一个美丽的结尾。他为身躺病榻，疲惫得连做梦的力气都没有了的老父亲续补上故事最后的一章，老父亲在圆满的人生结局里幸福地合上双眼。

　　朱自清先生的《背影》不知道感动了多少人，父爱是羞于表达的，疏于张扬的，却巍峨持重，所以父爱如山。

爱的支持

对于年轻的菲尔来说，清晨从沉睡中醒来，然后逼迫自己离开温暖的被窝，是完全值得的。菲尔套上厚厚的毛衣，以抵御黎明前的彻骨严寒，此时，他知道父亲已经起床等他，很快，父子俩就会沿着黑暗而空旷的公路，驱车前往冰场，开始菲尔每天上学前例行的冰球训练。

菲尔喜欢和其他男孩一起玩冰球，滑行的速度，冰刀与冰面摩擦的声音，冰球入网的一霎时都给他带来无法形容的快感。他的父亲在现场陪伴着他，目睹他每天的进步，菲尔觉得自己幸福无比。

可有一天，倒霉的事情发生了。在与对手拼抢的过程中，菲尔的球杆忽然断裂。眼见折断的半根球杆飞过冰面，击中护栏，菲尔目瞪口呆。他滑过去捡起断杆，意识到自己遇到了大问题。

他沮丧极了。面对坐在看台上对自己寄予厚望的父亲，他内心感到非常惭愧，他甚至不敢抬头看那时候父亲失望的表情。他收拾好冰鞋，垂头丧气地走向场外父亲的汽车。父亲上车的时候，一言不发，只是伸手从裤兜里掏出3美元，塞给儿子，说："买一根新球杆吧。"

菲尔不敢相信自己的耳朵，他知道，买一根新球杆相当于父亲在钢铁工厂一天的工资，他猛然醒悟，父亲没有生气，更没有责怪自己，也没有失望，为了让儿子打好冰球，他愿付出一切代价。菲尔意识到，父亲期望他做他喜欢的事，在比赛中获胜。

这一切后来都如愿以偿了，1971年，他创造了美国冰球联合会（NHL）的进球纪录，这个纪录直到1982年才被人打破，菲尔作为球队的队长，率领全队于1970年和1972年两度获得斯坦利杯。他还前后效力于多家球队。很多年后，菲尔入选了NHL荣誉榜，他把自己的成功归结于他的父亲。他父亲发现了他的才能，并竭力培养他，才有了后来的硕果。

　　菲尔在接受记者采访的时候说，父亲是他最大的支持者，每次比赛他都到场。在4岁那年，父亲在后院修了个小冰场，然后让菲尔和弟弟穿上冰鞋，学打冰球。父亲为菲尔做了无数的牺牲，他场场不落，他很少说话，如果菲尔进了两个球，父亲会说："干得好！"可他又会说："你打得不错，但你应该能进4个球的。"

　　如果没有父亲的支持，菲尔不会有他辉煌的成就。在每场比赛的时候，看台上这位球迷永远是支持着菲尔的，不管他打得好或者倒霉的时候。父亲这种默默无闻的支持，鼓舞着菲尔不断努力。我们和菲尔一样，都在自己的赛场上进行拼搏，别忘记看台上永远有个人会支持着我们。

对亲情付出，让我们更富有

　　布洛克原是家族公司的总经理，在他执掌公司的时候，每天都非常繁忙，几年的工作下来，他意识到自己在过去的时间里失去了太多与家人相处的时间，于是，他决定放弃年薪60万美元的职位，回到亲人中间。他在接受记者采访的时候说："我不想等到将来回首往事的时候，发现自己除了钱什么都没有。"后来，他在一所中学找到了一个年薪只有2万美元的数学教师职位。薪水不高，但是他有足够多的时间和家人相处或者旅行。在一年结束之际，他收到了来自学生的贺卡，贺卡上面写着一句令他骄傲的赞语：给天下最棒的老师。布洛克认为他终于拥有了梦想的财富。

在一家实力全球排名数一数二的广告公司做经理的凯瑟琳，不管工作中遇到多么重要的事情，她都可以推迟，因为她要去观看8岁儿子在学校的表演活动。她在自己的文章中这样写道："工作是可以弥补的，而我儿子成长过程中的每一个重要事件，却是不可重复的。"她很好地处理好了工作和家庭的关系，她成功地经营着这家广告公司，同时拥有着幸福的家庭。

我们的印象里，我们对于家庭的观念要比西方人保守得多，可是我身边很多的同事，都维持着一种忘我的工作状态，他们对于家庭、亲情所付出的要比自己在工作中付出的少得多。我们总以为在工作中的忘我表现，也是为了家庭中自己所深爱的人。

记得前几年我的一位朋友在一个不错的单位工作，他们的经理为了公司效益好，要求每位专职干部晚间在各自的岗位上顶班，几个月下来，大家都在这样高强度的劳动下觉得心力交瘁，提出了离开这家公司的念头。那位经理用金钱为代价，最后还是弄得离心离德，不少人因此各奔东西。我拜访朋友家，孩子出生不久，妻子心怀不满，家庭危机重重。我的这位朋友没有继续在那家公司工作，而是和老板翻脸，也离开了那家公司。现在朋友在新的公司工作，生活条件虽然没有太大改变，但是家庭十分温馨和睦。

　　我的这位朋友和布洛克的选择有着一点点相似的地方，他们尊重自己内心，珍惜亲情，没有向金钱低头。亲情和金钱，亲情和地位，说起来简单的选择，实实在在是一种艰难的内心斗争。

　　年轻的时候，我总以为，要享受亲情是一件很奢侈的事情。如果你没有事业，没有成功，又有什么条件去为自己所爱的人付出。在自己没有成功之前，自己是没有资格去享受亲情的。这种看法一直指导着自己的生活，其实在努力的路上我们已经丢失了太多，漠视了太多珍贵的感情。

　　对亲情，不管什么时候，付出让我们更为富有。

爱没有高低

有人说，爱情就是当你知道了他并不是你所崇拜的人，而且明白他还是存在着种种缺点，却仍然选择了他。有人说，爱人之间维持着乐观豁达而又理智执着的感情才能和谐相处，爱人之间最为重要的就是宽容。有人说，自你一出生，就有一份天定的缘分为你而生。

茫茫星空之下，当你孤独一个人抬头看见天上的一颗星星的时候，在远方也会有一个人一样孤单地看着那颗星星。现代的人总不能固守这份感情，在很多人眼睛里，爱情是脆弱而虚无缥缈的，但是却还是在心底抱着美丽纯洁的幻想。在实现中，也许一次一次让自己失望，自己心目中那个完美的想象始终不会出现，也许有人放弃了，也许有人把它继续放在心底最隐蔽而脆弱的地方。总之，生活还在继续。

就像美丽的初恋，我们心中可能会有这样一个人，他在你心目中是绝对完美的，没有一丝缺憾，你敬畏他却也渴望亲近他，这样的感觉还是爱情吗？我倒觉得它是崇拜更加合适。一个偶像就像是图腾之类神圣不可亵渎，你只会远远地欣赏他，爱情却是真真切切，能够用手去触摸，用心去体会。在生活的点点滴滴之中慢慢体味幸福。

大学毕业的晚会上，一位公认的"大众情人"拉着一位毫不起眼儿，个子矮小的同学来参加。大家都很惊讶，在背后指指点点，都觉得不可思议。她拒绝了那么多优秀男生的苦苦追求，而选择了眼前这个貌不惊人的男孩子，大家都觉得他们并不合适。

而在众人渐渐遗忘他们，忙于各自工作的时候，忽然收到了一个张红色的请柬。他们就要结婚了。又一次出乎了同学们的意料，他们竟然在众人怀疑的目光下披上婚纱走进了"围城"。多年以后，当她的同学们都失望于自己幻想破灭之时，同学聚会中才发现，这位女孩并没有如他们原先那样，被困在一个庸碌无为的圈子里，憔悴不堪。相反，她依然光彩照人，比以前倒多了一分成熟和深刻。他们就像多年前第一次出现在大家面前一样，拉着彼此的手向众人走来。

　　她告诉她的同学，他的丈夫并不优秀，有着很多缺点，但这些她在还没有接受他的时候就已经知道了，而她愿意把自己的感情托付给这个在她遇到挫折的时候默默帮助她，在她失意的时候热情鼓励她，并从不索取任何回报的男人。

　　一对历尽沧桑的老人正手牵着手在我身边慢慢走过，忽然发现这夕阳的余晖如此迷人。

　　没有一个人是完美的，你不是最好的，但我只爱你。

第六章

时间去哪儿了——娱乐

与自己的约会

我们总是匆匆，希望赶在时间的前面，希望跑在别人的前头。

花一点儿时间聆听自己的内心深处的声音，跟自己对话，是通往一切成功的钥匙。

我们都不能以为自己是个聪明的人，要不然，怎么会动不动就把自己弄伤、弄病呢。除了少数的那些很聪明的人以外，我们都是自己和自己过不去的人。安顿身心，不仅仅是一个人的责任，也是我们这一生中重要的事情。一种米养百样人，每个人都完全不同，努力聆听自己心灵的方式也各不相同，但是目标却是一致的。人人都是在寻找着真实而快乐的自己，问题是我们似乎盲目了太久，空虚又疲惫，变得支离破碎，早已忘记了真实完整的感觉。

世事也好，人生也好，爱情也好，我们习惯了人云亦云的那些陈词滥调，发现原来自己习惯了电视和电影中创造的模式。我们被奴役在一个美丽的陷阱之中，高喊着实现自我的口号却在途中迷失了自己。

我们很在意别人对我们的评价，努力在寻求着自己身边人的肯定和赞同，甚至将他人对自己的认同作为自信的源泉。在刚刚离开学校的那段时间，因为找工作屡屡碰壁，开始对自己产生了怀疑。现在回头想想，反省是应该的，但是，怀疑自己就让自己迷失了。这样我们的人生变得不是自律而是他律了。让别人限制了你的发展，成了你前进的障碍。

失落、空虚、疏离、无力、寂寞、犹豫就像洋葱的皮，一层一层包围着我们。当我们鼓起勇气，一层层剥下它们的时候，发现自己是那么脆弱，甚至已经伤痕累累。要想面对真实的自己，是需要坚强的勇气和强大的力量的。

一直很钦佩那些朝圣路上的信徒，艰苦的条件没有改变他们心中的坚定，而是更加强了他们心中的信仰。朝圣的旅途就是聆听自己心中声音的过程，也是不断增强自己信仰的过程，为了心中神圣的目的地一路叩拜。

一份人人追求的身心安宁，未必只是在所处的社会环境之中，追求一方静土。退缩是没有任何益处的，独处深山依然可

能意乱情迷。我想朝圣的路上一定是安静的，信仰使然。一个
人相处的时候，也许并不一定是最真实的自我，因为有时一个
人的时候反而因为寂寞而迷失了自己。和自己约会不用很多时
间，也不用为挑选地点而烦恼，可以一杯茶，一本书，一张发
黄的照片，也许就能找回了自己。

快乐自己

断断续续下了快一个星期的雨，心情也变得有点压抑。懒着不想起床，闲来无聊就开始思考人怎么就会因为天气而变换自己的心情。也许是习惯了电视里悲惨的情节总是在阴霾的天气中发生，所以一遇到这样的天气人也就莫名悲伤了起来。这一天还是一样没有什么波澜，以至于在吃饭的时候都没有了胃口，勉强果腹。想到了终日奔忙，只能勉强糊这张嘴，心情一下就沉入了谷底。

总说人生不如意者十有八九，把我们的一生中快乐和不快乐的时光做一个比较，快乐的时候就只有大概十分之一，而不快乐的时候就占了几乎全部。我们总是在感叹人生苦短的悲怆气氛中，度过了一天又一天。这几乎是绝大多数人的命运。

随后，就该穿衣出门了。心情没有任何好转，反而出现了更多的麻烦，总觉得镜子里的不是自己，怎么看怎么不顺眼，曾经风华正茂现在却憔悴郁闷。衣服脱来换去，总是不能满意，而大半不是从个人的舒服出发，而是为了顺从别人的眼睛考虑。你为着那琢磨不定的流行潮流而烦恼，一会儿这样，一会儿又那样，不知道怎么把握，似乎自己完全是在为别人的眼睛穿衣服，超前了，怕人说你，落后了又怕人家笑话，烦恼总是围绕着我们的生活。

开车出门，拥挤的道路塞满了各种各样的汽车，为什么有那么多不按规则出牌的对手，堵在路上的时间让自己变得更加烦躁，因为自己的多余还是抱怨别人的多余都让自己无法快乐。

踏进社会才发现，并不是人人都是善男信女，那么多坑坑洼洼可能让你鼻青脸肿。真是越寻觅越觉得这一生是那么不如意。我说到的只是生活中不如意的万分之一，你可以举出更多例子来说明自己人生的不幸。

可是，大街上随便找个人问问，生活容易吗？谁都不容易。每个人都在自己的生活中战斗着，每个人的生活都是自己的战役。如果还有继续生活的勇气，就还是做个悲壮而快乐的斗士，努力寻找快乐，别跟自己过不去。

迎着那乌云下的太阳傻笑一下，不是也挺快乐的。记住了，多苦自己也可以快乐。

学一件乐器

记得在大学的时候，同寝室有一家伙为了女朋友的一句玩笑话而发愤学吉他。从开始学吉他的那个时候开始，课堂上就很少看见他了。我们上完课回寝室的时候，在走廊就能听到他那偶尔跑调的吉他声。晚上我们都睡觉了，他还想继续练，在我们的压力之下，竟然也想出了一个办法。他买来了蜡烛，点着蜡烛在卫生间里弹起了心爱的吉他。大家感动于他的热情，也就不再继续把他逼上"绝路"了。

由于这位同学异常勤奋，很快吉他演奏已经到了能在寝室表演的水平，接着在班级活动上一展成绩，再后来在学院的晚会上辉煌了一把。后来这位同学逢人就说，自己学了吉他带来的种种好处。他的一些"成功经历"着实让我们几个羡慕了一把。

　　基本上所有的人都喜欢音乐，学了一件乐器就多了一种取悦别人的能力。娱乐他人也愉悦自己。他说他最得意的一场演出，不是在学院晚会上的"辉煌"，而是那一次母亲过生日。很多孩子都不知道自己母亲的生日，他也一样。他父母离异，一直和母亲生活在一起。那一天，他像往常一样回到家中，边玩电脑边等着母亲叫他吃饭。

　　晚饭的时候，他发现今天多了一个生日蛋糕。他从这个蛋糕知道了今天是母亲的生日，而这个蛋糕是母亲单位里发的。同学有点愧疚，自己没有记住母亲的生日。

　　"没事，没事，妈知道你孝顺就行了。来吃蛋糕。"母亲笑笑没有在意。

　　忽然他想起了最近学会的一点儿吉他，他说那个时候，大概才学了两个星期。"我最近学了古他，给你弹弹？"他有点激动。"好啊，好啊。"母亲满脸笑容看着儿子抱来吉他。

　　"我就学了一首曲子，还就会一段。"他有点不好意思。

　　"来吧！还得鼓掌献花啊？"母亲开玩笑对他说。

　　接下来，他认真地弹着那学了一段的曲子，弹完又弹了一遍。他一直在低头认真弹着，尽量不出什么错误。弹完第二遍的时候，他抬头，看见母亲微笑着看着自己，眼睛里隐约含着泪水。

就是这一段没有掌声的表演，成了我这位仁兄"艺术生涯中"最得意的一场演出。我想想，能学一种乐器挺好，特别是能为自己的亲人演奏。

爱上生活

遮住门口的标志，上海徐家汇美罗大厦24层的办公区更像是一个大学生的公寓。走廊上贴满了各种涂鸦水笔画，不时有戴耳环的年轻人走来走去，每张桌子上的长毛绒玩具、明星或者女友照片、卡通画，提供无限量的食品的餐饮室和舒适的休息室。办公楼里有宾馆式的房间，里面日常用品、食品一应俱全，员工可以住在楼里一个月不出去也没有问题，当然这不是为了加班准备的。

这就是大名鼎鼎的上海微软，唐骏把它经营得像一个大家庭一样。他是一个热爱生活的人，生活同样很厚待他。唐骏到上海组建新公司的时候，总部要求很高，只允许他带4个外籍经理去，一年之后必须放他们回国，留下唐骏一人撑起这4个人的工作。一年以后4个美国经理都走了，仅留下唐骏一个人，而这一支队伍却扩充到10倍。

如果微软的员工有10个朋友，7个就是在公司。想着每天都有那么多朋友在公司，谁会不高高兴兴来上班。员工们经常一起去歌厅、舞厅、酒吧娱乐。而唐骏他自己每次在公司晚会上都会献上自己的保留曲目《爱如潮水》。唐骏在上海组建了"探索者"篮球队，每逢周末都会进行集训，据说唐骏每次都能到场。而在微软公司各个部门之间都会有球赛，公司和公司之间也会有球赛。每年还举行一次GTET杯足球赛。

微软（中国）公司在唐骏的手上充满了人情味。公司为员工做了很多事务性的事情，比如，快递、保安、装订、餐饮、清洗等，都交给了外面的公司去做，几十家公司"驻扎"在楼里楼外。员工的很多事情都是由公司代劳，公司花钱请服务公司上门服务。

也许我们会羡慕那群享受生活的微软人，更加觉得自己生活在水深火热之中。然而生活并不一定有一个标准模式，享受生活却是一种正确的人生态度。我们可能没有微软员工的那种待遇，却可以有一种享受的态度。

　　有时候爱上生活只和态度有关，和经济无关。微软的招聘官员曾经对记者说："从人力资源的角度讲，我们愿意招的'微软人'，他首先是一个非常有激情的人。对公司有激情，对技术有激情，对工作有激情。可能在一个具体的岗位上，你也觉得奇怪，怎么会招这么一个人，他在这个行业涉猎不深，年纪也不大，但是他有激情，和他谈完，你受到感染，愿意给他一个机会。"

　　爱上生活，生活同样厚待于你。

工作不是全部

33岁赚到第一个100万美金；43岁建立一个世界上最庞大的垄断企业——美国标准石油公司；53岁的时候因为莫名的消化系统疾病，头发不断脱落，甚至连睫毛也无法幸免，最后只剩下几根稀疏的眉毛。

他就是石油大王约翰·洛克菲勒，他是世界上最富有的人，每周收入高到几万美金。却只能靠简单的饮食为生，相比他的高收入，一个星期吃下的食物用不了两块钱。医生只允许他喝酸奶，吃几片苏打饼干。他的皮肤毫无血色，那只是包在骨头上的一层皮。他能用他的钱买最好的医疗，使他不会在53岁的时候就死去，金钱却不能挽回他的健康。

因为忧虑、惊恐、压力及紧张，事实上，他将自己逼到了坟墓的边缘。他全心投入工作中，永无休止地追求目标，扩张自己的资产和事业。亲近他的人说，约翰取得成功的时候，就会把帽子丢在地板上，然后跳一阵土风舞，这就是他的庆祝方式；而相反，在他生意决策失败的时候，他就会大病一场。

也许是深感成功来之不易，洛克菲勒对生意的精明程度到了不可思议的地步。一次。他运送一批价值4万美元的粮食，保险费需要150美金，当时他觉得保险费太过昂贵就没有购买保险。可是当晚途中发生了飓风，洛克菲勒整夜都在担心货物受损失。第二天一早，当他的合伙人跨进办公室的时候，发现洛克菲勒正在来回地踱步，非常焦虑的样子。

"快去看看我们现在还来不来得及投保。"他对进门的合伙人喊道。可等他从保险公司回来，发现洛克菲勒心情更加糟糕，因为他刚刚收到电报，货物已经安全到达，并未受损。于是，洛克菲勒更生气了，因为他们刚刚花了150美元投保。

他的朋友贾德纳也是他生意的合伙人，用2000美元买来了一艘游艇，洛克菲勒不但十分反对，而且拒绝坐游艇出游。贾德纳发现洛克菲勒周末下午还在公司工作，就邀请他一起出海。没想到洛克菲勒警告他："你是我见过最奢侈的人，你损害了你在银行的信用，连我的信用也受到了牵连，你这样做，会拖垮我的生意。我绝不会坐你的游艇，我甚至连看都不想看。"朋友没想到会是这样的结果，而洛克菲勒在办公室度过了他的整个下午。

为了财富忘我的工作成了洛克菲勒的习惯，即使他健康的身体因为工作开始衰退的时候，他还是改变不了自己的忧虑和压力。医生警告他，不退休只有死路一条。出于对死亡的恐惧，他终于退休，开始学习打高尔夫球，从事园艺，乐于与邻居聊天、玩牌，甚至唱歌。洛克菲勒开心了起来，工作的焦虑和压力已经不能再影响他的生活了。

很多时候不用非得失去健康，被医生逼着退休的时候，才知道娱乐在生活中的作用。条件允许，何不享受生活？

一颗赤子之心

能拥有赤子之心的人，才能永葆年轻。从进入社会的那时候开始，很多人在社会上打滚了很久，身上多了世故少了天真，脸上的表情变得复杂难以琢磨。虽然，人不可貌相，但是相由心生，人的容貌很大程度上是由自己的心境决定的，每个人都应该为自己的长相负责。

人的容貌除了五官之外，气质和神韵才是一个人真正的精神内在的表现，心机狡诈之人绝无可亲的相貌，具有赤子之心的人其容貌一定是清楚明朗的。还有眼睛不会骗人，"眼睛是心灵的窗户"，所以，拥有天真美善之心的人，他的眼睛一定是清澈明亮的。

拥有童稚之心，说起来很简单，实行起来却是不容易，就好像世界上的道理一样，听起来很简单，做起来却十分困难。但是，凡事存乎一心，若能从心开始，复杂就趋向简单，简单趋向清澈。从世故到天真和从天真到世故，其实是一体两面，就像黑夜和白天，只有放下世故复杂的面貌，才能回归天真的本质。

有位作家说：一个人到了30岁，饱受生活的沧桑，就会僵化、苍老了，而佛又是怎么样让自己像一个赤子呢？我们可以不可以在心灵和相貌上保持像儿童一样。他说，有一次读《四十二章经》，好像知悉了佛为什么可以像童子的秘密，佛说："吾视王侯之位如过隙尘，视金玉之宝如瓦砾，视纨素之服如敝帛，视大千界如一诃子，视阿耨池水如涂足油，视方便门如化宝聚，视无上乘如梦金帛，视佛道如眼前华，视禅定如须弥柱，视涅槃如昼夕寤，视倒正如六龙舞，视平等如一真地，视兴化如四时木。"也许就是这种无所得的心正是返老还童的秘方。

因为天真，人生才多点乐趣，让我们做一个永葆赤子心的人，在生活中多一点儿纯真，少一点儿俗气。世上的很多事情，是我们把事情想得复杂了，总觉得别人对我们好是另有企图；别人对自己冷淡，又会想是不是自己什么地方得罪了人。

那些心中坦荡的人总能比心机重重的人生活得更快乐。成熟不一定就得世故，多一点儿童心，生活就多一份快乐。

留白

我们生活在一个快节奏的社会里，因为害怕落后，所有人都在追求速度。很多人把生活塞得满满的，我听过有的家长自己忙碌也就算了，还为孩子报名参加这个辅导班，报名那个培训课，每到周末孩子和父母都是忙作一团。作为成年人，也许忙碌是工作需要，生活使然，但是塞满的生活没点空暇，对生命来说反而是一种窒息。

在人际关系方面，留白是给自己或他人一种转身的余地，一个想象的空间。适度的距离也是一种美，有人喊着"青春不要留白"。留白不是空白，留白是一种放松、一种弹性，留白是一种呼吸、一种艺术，所谓："休息，是为了走更长远的路"，缩回拳头有时是为了打出一记重拳。偶尔留白，是让自己能有个弹性的空间。

　　听说有个朋友最近与恋人分手了，分手的理由不是不爱了，而是太爱了。似乎听来有点矛盾，不合常理。原来，女孩子对男孩子采取紧迫盯人战术，寸步不离，事事关心，如此并未让男孩子心怀感激，反而，因为没有为双方预留空间，造成了男方的心理负担，只有一心求去。我们没有去揣测他们彼此分开的原因，只是觉得有时感情装得太满也是一种负担，不管是对人还是对事。中间多一点儿空间，多一点儿闲暇，可能就会淡定很多。

　　人与人之间的相处很复杂，有时候相互憎恨、相互懊恼，很人的原因可能是彼此太过亲密，双方没有给对方留出足够多的空间，在亲密的关系中看到的是对方的缺点，没有了美感；爱情有时也需要一点点距离，这就是为什么谈恋爱，会比婚姻美好的原因，还是那句老话：距离产生美。

　　在工作生活中，为自己留白也会让生活更美。哪怕你热爱自己的工作到了为工作痴迷的时候，也要"犒劳"一下自己。每个人有自己的放松休息的方式，适当的休息可以让自己充满能量。生活中更得注意留白，花一点儿时间和自己相处，留适当的空间让自己充满幸福的感觉。

　　在国画艺术中的留白是最美的艺术之一，距离产生美，过

度地拥挤和满溢反而破坏了和谐的意境，留白是一种生活的哲
学，是一种优游自在的清心，留白是一种独处的快乐。

　　若想在人生的画布上挥洒出亮丽的色彩，就请在画布一
隅适当留白。

健康是一种幸福

前一阵子，又听到一位青年科学工作者积劳而死，引发了媒体的讨论。说起健康，我们都知道，身体是革命的本钱，而在实际的工作生活中，我们常常没那么在意，而长期下来，我们发现自己其实最不重视的就是自己的身体。

老国王正在生一场重病，没有一点儿胃口。他找来身边一位厨子，期望他能为自己做出点儿美味的食物。国王看到年轻的厨子红光满面，动作敏捷很是羡慕，他们就聊起天儿来。国王觉得年轻的厨子是很幸福的，因为他年轻健康。厨子不以为然，他觉得国王拥有至高无上的权力和无数的财富，国王才是最幸福的人。"你崇高的地位和巨大的财富，假如我能得到这一切，我愿意用自己的健康去换取。"年轻人说。

国王一听很高兴，正中他的下怀，他找来巫师，两人在巫师的帮助下交换了财富和健康。

得到王位和财富的年轻人整天过着奢侈的生活，他毫无节制，暴饮暴食，很快各种疾病就让他痛苦不堪。尽管宫中有医术高明的医生，但即使华佗再世，也难以医治好他的疾病，因为他根本已经没有了健康。

而失去了财富的国王却得到了健康，他更加珍惜自己的健康。他凭借自己良好的体力，通过辛苦劳动换来的一点点财富，虽然不能和原先的生活相提并论，但是也过得快快乐乐。没有了以前的种种疾病，即使粗茶淡饭也比原先的山珍海味来得有滋味。

又过了几年，那位年轻的国王因为百病缠身，不治而亡，而那位重新拥有了健康的国王，凭借自己诚实的劳动和健康的身体，却生活很幸福。

健康是生命的源泉，而健康不单单是身体上的健康，更为重要的是心理上健康。失去了健康，生命就变得暗淡和与悲惨。一个健康的身体和健全的人格，这就是人生最大的财富。拥有着健康的我们并不知道这个简单的道理。我们总是很佩服那些身残志坚的人，但是回头看看健康的自己，却在生活中消耗着自己的健康。

在现实的生活中，一些有作为、有知识、有天赋的人往往被不良的健康状况所羁绊，以至于终其一生壮志未酬。天下最大的失望就是经过最大的努力而没有实现自己的梦想。懂得常常去维持身心的健康。经常保持身心的健康，是事业成功的保障，也是保障工作的重要前提。

什么是幸福？每个人都有自己的答案。别忘了健康也是一种幸福。

快乐其实很简单

喜剧大师卓别林对人生和幽默有着独到的见解："人生主要由矛盾和痛苦组成，需要我们用智慧去超越。"

有一个小故事，一个人难以忍受生活中各种的烦恼，决定出家。老和尚给他剃度之前，问他为什么要出家。这个人回答说："为了逃避烦恼，我听别人说，当和尚就要剃度，剃掉了烦恼丝不就没有烦恼了吗？"老和尚一听，马上放下了剃刀说："那你不用出家了，头发剃下去还会长的。"那个人一听就急了，"你是不让我活了，忍心看着我在尘世里受苦。"老和尚说："如果你每天用心去品味烦恼，即使是当了和尚，一定还是苦不堪言。如果你每天去感受生活，不出家一样可以修成正果。"那个人问："怎么样是感受生活，什么样是品味烦恼呢？""某一天早上，空气清新，阳光明媚，花儿在绽放，鸟儿在歌唱。可就这个时候，一点儿乌鸦粪正好掉在你的头上，如果你让这点乌鸦粪破坏了美好的心情，和这只乌鸦斤斤计较，甚至破口大骂，这就是品味烦恼，这会毁了你一天乃至一生的生活乐趣。"

感叹生活的艰苦、感叹日子的难过、感叹生活的单调乏味。我们把自己的痛苦放大到不能承受的程度。一个年轻人向上帝抱怨，为什么我这么不幸，为什么别人那么幸福。上帝回答他，只要他能找到一个认为自己生活得很幸福的人，就可以把他们俩的生活给换回来。年轻人找到每一个他认为幸福的人，可是他们都认为自己不够幸福，反而向他大倒苦水。年轻人最后失败了，他没有找到很幸福的人，可是他发现原来自己的生活也不算太糟。

我们很多时候就像那个向上帝发问的年轻人，其实生活中很多快乐是可以由我们自己创造的。物质生活的丰富，没能使我们感到幸福，有时候却给我们带来了更多的烦恼。

有一个高级白领，这样向我表述他的痛苦，房子有了，车也有了，但每天经过十几个小时的繁重工作和钩心斗角之后，却没有一点儿心情去休闲娱乐，也没有空闲和心境能留出来去交一两个知心朋友。痛苦得要死掉了，是他经常挂在嘴上的一句口头禅。此君最后迷上了网上聊天，在一个又一个虚无缥缈的网恋中麻醉着自己的神经。

有一个下岗职工，生活的痛苦来自于永远也攒不下钱。每天出去卖点儿菜所带来的收入在一日三餐之外，去了日常花销就所剩无几。她的痛苦，也让她在将近40岁就白了头发。

我们被生活中的不如意蒙蔽了快乐的心，快乐其实很简单，只要我们用心生活，一个友好的微笑就会让人心情开朗。简单地制造快乐，就是对生活中不如意的事情看轻看淡，美好的东西就会映入眼帘，快乐也会随之而来。

化解压力

面对一天的劳累，最大的休闲莫过于轻松休息一番，很多人选择大睡一觉，让疲惫的心和身体得到放松。但是经验告诉我们，这样的方式有时候并不有效，长时间的休息让我们的身心倍感疲惫。

身体上的疲惫可以通过休息得到缓解，而心理上的疲惫引起的烦恼却让我们很难得到真正意义上的休闲。然而适当的身体上的疲劳却让我们心理上得到休息，这就是运动休闲的作用。不妨在感觉身心疲惫的时候，去运动一下，让汗水冲洗自己烦恼的心，可能心情因此变得轻松愉快。

专家认为，运动能缓解压力，让人保持良性的、平和的心态。当运动达到一定量时，身体产生的腓肽效应，能愉悦神经。腓肽是身体的一种激素，被称作"快乐因子"。腓肽效应让人感觉到高兴和满足，甚至可以把压力和不愉快都带走。此外，专家建议，有时候换一个运动环境，可能对缓解压力起到意想不到的效果。如经常在室内运动的人，到户外去爬山，到小树林里去跑步，会感觉轻松愉快。运动前可以尝试一下心理调节，也有利于运动中更好地释放压力。在安静的地方，闭目养神几分钟，做几次深呼吸；或对着镜子看看自己，说一句鼓励自己的话，让精神振奋起来；或听一曲喜欢的音乐，转移注意力，以达到最好的放松、减压的效果。

此外，适当的运动锻炼，有利于消除疲劳，使学习和工作更有成效。整天伏案苦读苦干，单调而枯燥。长时间单调刺激易引起生理、心理疲劳，而运动能使刺激强度得到变换，起到改善、调节脑功能的重要作用。要充分发挥大脑潜能，必须合理地安排活动，不使某一半球或某一功能区由于反复单调刺激而疲劳，要动静协调、张弛有度，才能有助于提高大脑皮层的分析综合能力。

凡事都要注意度，如果带着太大的压力和不良情绪去锻炼，在锻炼中思绪杂乱，注意力不集中，将影响锻炼的效果。有人刻意从事一些激烈的、运动量大的运动项目，认为出一身大汗，压力和不良情绪就会全部释放出来。有专家指出，这种激烈且大运动量的锻炼往往造成身体疲劳，加上原来紧张的精神，压力不但排解不了，情绪反而会更坏。

至少远足一次

　　刘强是个标准的工薪阶层，每天都是朝九晚五循规蹈矩地工作和生活。这样的生活没有什么可以称道的地方，但是刘强一直坚持了一个习惯，就是在一年工作之余，把难得的休假花在"远足"的过程中。他就像古代游行的僧人一般，保持着那种闲情逸致。认识的朋友劝他，为什么好不容易有个休假，却不在家好好睡上几天。刘强笑而不答。

　　秋天一到，刘强又准备一次远足，同在一个公司的李冰，刚刚从公司辞职，心情苦闷，决定和刘强一同远足，体验一下刘强描绘的不一样的感受。当天晚上，按照刘强交给他的清单收拾好了行装。第二天一早，他们就起程出发了。他们脱掉了呆板的西装换上了轻便的休闲服。并不需要一开始就远足，他们开车离开了这个城市，刘强说这个城市的东西已经看够了，没有步行的必要。

　　他们的车远离市区，从满地枫叶的小道中行驶而过，虽然离居住的城市并不远，但是李冰才发现竟然还有一片枫树林。刘强减慢了车速，看着枫叶如零落的飞雪般飘落在地上，两个人的心里都出奇地安静平和。终于行驶出了美丽的枫叶林，而这个时候，李冰发现了从未发现的美丽。

　　日落的时候，他们终于来到了一个小镇上，这个小镇从来没有听过，在一个小旅馆住下以后，李冰询问此行的目的地，刘强站在落日中用手遥指远方的一个山头。李冰暗中一惊，山看起来就很高，爬上去一定是一件艰难的事情。休息了一晚上之后，刘强早早将李冰叫醒，开始了远足。走在乡间的小道上，道路两旁的成熟水稻，在风中就如同金色的海浪一般汹涌澎湃。田间偶尔有几个农民正在忙碌地收割农作物，在金色的稻海中就如同小舟一般。看着眼前的这些景致，对于刘强可能已经习以为常了，而对于李冰绝对是一种新的人生体验。他戴上耳机边走边听着音乐，时间就在这种快乐的气氛中慢慢溜走。

　　午后，来到山脚下，他们开始在曲折而难行的小路上艰难地向山上走去，没过多久，李冰便气喘吁吁，但看看远方的山顶，好像还有一段很长的路要走。李冰摘下耳机，听着刘强讲述关于这座山的各种故事和传说，很难想象这么一座山能有如此多的故事和传说。再后来话题延伸得很远，他们兴高采烈地说着过去，肆无忌惮地畅想着未来。意犹未尽的时候，他们已经来到了山顶。

晚上他们在山顶上露营，在篝火旁探讨着未来的计划，这次旅行让李冰有了很多新的想法。感到累的时候，就躺在地上看着天空的星星，没有工作负担，也没有生活的压力。此时李冰什么都不想，这种感觉真的是一种前所未有的体验。清新的晚风拂过脸庞的感觉，竟然如此惬意。

直到回到家中，李冰一直没有问刘强为什么如此热爱远足，因为他自己已经深深地爱上了这种活动。

每天在城市的忙碌中行色匆匆，过着循规蹈矩的生活。闲暇的时候，远足一个未曾去过的地方，投入大自然的怀抱，呼吸新鲜空气，感受常常在电视和杂志中才能看见的美景。和朋友、和爱人在一起，那种快乐可以将困难和疲惫一扫而空。至少远足一次，会有很多新的体验，人生也许将因此而变得更加快乐。

第七章

时间去哪儿了——思考

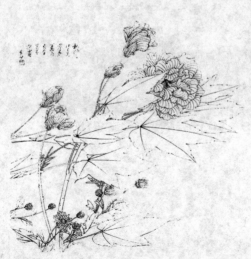

思想的自由

雪融化了变成什么？标准答案是：雪融化了变成水。每一个稍有生活常识的人都能回答上来，却有一个小男孩回答：雪融化了变成春天。我喜欢小男孩的答案，他要比标准答案更美。

一个人在他自己的头脑的领地内拥有一切力量，但在他人头脑的领地内，他的力量却非常有限。我们可以支配我们自己的头脑，可以选择我们自己的思想，但却不能对别人想些什么做出选择。

一个人可以做他喜欢的事情，即可以按照自己的思想去行动。我们说的话，做的事，都是由我们的思想所控制的。让思想自由才能创造出美好的生活。

真正的文学大师，必须有独立的思想，必须有心怀苍生的胸怀，必须有敢于质疑一切、直抒胸臆的勇气。他抒写的，

是发自内心的真情，是自由的人性追求，是纯乎天真的个性张
扬，是亘古不变的悲天悯人，是挣扎在社会底层的芸芸苍生。

　　思想缺乏自由的社会很难出现这样的大师，因为社会抹
杀了他们创造的热情和才华。即使有，也被压抑在社会底层，
痛苦地挣扎。或许在另一个时代，在遥远的未来，才被发现。
在这个浮躁的、急功近利的时代，没有人愿意成为死后的伟
人和大师。文学、音乐、绘画、思想等人文科学领域，莫不如
此。自由的思想才能迸发出绚丽的创意。

　　对于一个国家来说，思想自由才能使得国家发展壮大；对
于个体而言，自由思想是一种权利，它能让个体生命更加丰满
精彩。现实的社会中，我们周围充满了各种各样的声音。每个
声音都在吸引着我们的注意，试图在劝服我们。来自媒体的声
音可能掩盖甚至改动了事情的真相。

　　保持思想自由变得困难，因为我们要学会分辨，要学会自
己思考。我们要面对现实的考验。但是，思想自由应该是我们
的梦想，不该放弃。

"打碎花瓶"的智慧

科学历史上有一个很有名的故事，有一位科学家在家的时候，不小心打碎了妻子喜爱的花瓶，花瓶非常漂亮而且价值不菲。正当妻子为这只心爱的花瓶破碎懊恼和惋惜的时候，科学家忽然灵机一动，想要做一个实验。

他收拾起了地上的每一块碎片，通通搬到了自己的实验室里。妻子大为不解，不知道她的丈夫接下要干什么，但是她已经习惯了这位科学家丈夫的奇思怪想，没有去管待在实验室里的丈夫。

科学家把花瓶的碎片按大小排列，并称出了每一块的重量。他收集了大量的数据，并经过艰苦细致的运算后，他发现了一个有趣的规律。在所有的碎片中，10~100克的最少，1~10克稍多，0.1~1克的和0.1克以下最多。尤其是这些碎片的重量之

间有着严密的倍数关系：最大的碎片与次大碎片的重量之比是
16∶1，中等碎片与较小碎片的重量之比也是16∶1；较小碎片
与最小碎片的重量之比也是16∶1。

　　他惊奇地告诉他妻子这个自认为伟大的发现。妻子没有如
他所想的那样兴奋，甚至有点冷淡地说："这样啊，16∶1，挺
有趣的，但是，亲爱的，这又有什么用呢？"这倒提醒了科学
家，"是啊，这能有什么用呢？"他不断在自己的头脑里思索
这个问题。刚才的兴奋也早以成了过去。

　　科学家不断尝试，也许这个发现能用于考古研究和天体
研究。原理就是按照打碎花瓶的重量规律，可以由已知文物、
陨石的破残碎片推测它们原来的状况，用以迅速恢复它们的原
貌。事实证明，这个大胆的假设是可行的，他为考古和天体研
究提供了一种科学的方法，推动了考古和天体研究的发展。

　　花瓶碎了，科学家思索着从打碎的花瓶中寻找什么。他找
到了，并把他应用到了工作中，推动了科学的发展。每天在这
个世界上又有多少花瓶被打碎，我们不假思索，往往把打碎的
花瓶碎片一扔了事。成功人士并不一定比我们有着多少优越的
条件，重要的是他们对待自己思索的态度。

最后的苹果

迟开的小花也能结果，而且常常结出更加珍贵的果实。最后成熟的果子最甜，并且不容易腐烂。在我家门口有一棵苹果树，成了我儿时的乐园，因为有它，我的童年多了一份美好。夕阳下，几只小鸟在那里整理羽毛，苹果树的叶子被夕阳染成金黄。秋天的时候，微风吹来，不时把树上的叶子送到我的脚下。我习惯了在苹果树下玩耍。看着结满果子的苹果树，心中总是无比愉快。

眼看着果子要成熟，父亲就忙着把果子给摘了下来，周末回家树上已经没有果子了。我却发现了还有一只苹果，它挂在树叶背后，大小如我的拳头。那是一只被忘记的苹果，位置非常隐蔽。如果不是我在那个位置的话，根本发现不了它。

　　第一个念头是心中一喜，觉得这是个意外的发现。然而我没有去摘它。我想知道这个苹果能留到什么时候，让它成为最甜的一个苹果，算是给自己留一个惊喜。立冬、小雪、冬至、大寒，日子一天天地过去。每个周末回家的时候我都会在那个位置上看一看我的那个苹果，它就像是我的朋友一样。我看着它慢慢变黄，心中的那份期待也越来越重。我没有告诉任何人，它就像是我一个人的秘密，每次看到那个漂亮的苹果，心中总是满怀欣喜。

　　又是一个周末，我回家来到苹果树下，忽然发现苹果已经不见了，我还怀疑是不是自己站错了地方，找不见那个苹果了。转来转去，我才肯定是我的苹果不见了。也许是从它身边经过的秋风让它离开了树枝，可能我在寻找它的时候，它却在一个很隐蔽的角落慢慢地腐烂着。心中的失望油然而生，甚至到了有一点点后悔的地步。也许早点儿摘下它就好了。

　　带着失望回到家中，脑海里那个金黄金黄的苹果成了我的遗憾。晚饭的时候，坐在院子里聊天。母亲拿来了一篮子洗好的苹果，我第一个去抢了一个过来，咬了一口。发现这个苹果比我以前吃的任何一个都要甜，"真甜！真脆！"我叫个不停。母亲笑着说，"你吃的肯定是我那天从树上摘下的那个，真没想到还留了一个，还被你吃了。"

"啊？"我一下子想起来那个挂在树上金黄金黄的苹果。我仔细地看了看这个苹果的外形，饱满圆润，它的色泽是那样金黄厚重。真没想到这个"朋友"，对我不告而别，又给了我一个意外惊喜。我就把我天天看着那个落在树上的苹果的故事说给了大家听，大家听了都哈哈大笑。

我们总是羡慕那些年纪轻轻就功成名就的人，想到那个苹果，也就不再羡慕。尽量让自己更加专注，因为那只苹果让我明白了一个道理，最后成熟的果子最甜，并且最不容易腐烂。

还会有另外一条路

父亲告诉我，如果发现走这一条路达不到目的地，就走另一条路试试。

小约翰最近一直很难过，闷闷不乐。于是，约翰的父亲带着小约翰离开了家，来到了市郊的一个小镇上，他们一起爬上教堂高高的塔顶上面。小约翰心里一直在想，带我来这地方干吗？

坐在塔顶上，父亲对着小约翰笑笑说："往下看，孩子！"

小约翰鼓起勇气，朝脚底下看去，只见星罗棋布的村庄环抱着罗马，如蜘蛛网交叉扭曲的街道，一条条通往罗马。"好好瞧吧，亲爱的孩子，"父亲温柔地接着说，"通往罗马的路不止一条。生活就是这样，如果发现走这一条路达不到目的地，就走另一条路试试。"

　　小约翰想自己明白了父亲带他爬上这里的原因。前几天，约翰向母亲说过食堂的午餐太糟糕了，想让母亲帮助他向学校反映情况，可母亲不信。后来他求助父亲，父亲当时没有说什么。他现在明白了父亲的意思，在回家的路上他已经想到了方法。

　　第二天去学校用午餐的时候，小约翰偷偷把汤倒进了他带的饭盒里带回了家。并对家里的厨师说，晚饭的时候把汤端上去让妈妈尝尝。这办法很有效，妈妈尝了一口就连吐口水，埋怨这个厨师是不是疯了。接着，约翰就把他自己做的事讲给了母亲听，母亲这回相信了，她决定明天就去学校反映这个情况。

　　父亲教给小约翰的这个生活哲学，很快在很多时候起了作用。小约翰一直想成为一名服装设计师，然而要成为一名服装设计师并不是那么简单，即使你满身的才华也不见得能美梦成真。小约翰没有止步不前，还是动脑筋、想办法，因为他已经知道了办法总比问题多。

　　约翰为了理想来到了全世界的时装中心。仔细浏览了那些著名的时装设计，没有能让约翰灵感爆发的作品。有一天，约翰遇到了一个朋友，他立即对这位朋友身上穿着的非常漂亮的毛衣产生了浓厚兴趣。他觉得虽然颜色朴素但是编织却很巧妙。他询问了这件毛衣的编织者黛戴安太太是如何编织的，并自己学会了其中的技巧。

约翰继续动脑筋，想出了一种更为新颖的毛线衣的设计。接着，一个个大胆的念头涌进了约翰的脑中。他利用父亲的商号开了一家时装店，从毛线衣开始，自己设计、制作和出售时装。

约翰马上行动，他设计了一个蝴蝶的花纹的毛线衣设计图，请黛戴安太太先打了一件。毛衣十分漂亮，约翰让自己的夫人穿着毛衣去参加一个时装商人举行的晚宴。约翰的夫人成了宴会上的焦点，夫人们纷纷过来打量她身上美丽而独特的毛衣。当得知这件毛衣是约翰自己设计制作的时候，大家纷纷向约翰下了订单。结果一个晚上他成功地拿到了200件毛衣的订单。约翰高兴地拿着订单直接找到了黛戴安太太。

黛戴安太太听说要做200件，而且要在一个月内完成的。脸上的高兴马上不见了。她告诉约翰，她织这一件毛衣差不多花了一个星期，就算再快，她也完成不了一个月200件的任务。

约翰听了黛戴安太太的想法，觉得是自己太过兴奋了，没有考虑到自己商店的能力，于是，马上又灰心丧气起来。

当他决定去告诉客户自己困难的时候，他想一定还有办法能解决。走到半路他又回到黛戴安太太家，劝服黛戴安太太和他一起去寻找能织这种毛衣的人。他们调查了几乎所有住在巴黎的美国人，终于找到了25名能编织这种毛衣的人。一个月后，200件毛衣准时地完成了。接着成功不期而至，约翰的服装受到明星和贵妇人的宠爱，他的商店也取得了巨大的成功。

故事到此结束，意义很简单，遇到困难的时候不要停止思考，办法总比问题多，通往广场的路又怎么能只有一条呢？

不及时成功就是失败

看中央电视台动物世界，其中讲到了一对麻雀父母，足足哺养着5只小麻雀。小麻雀毛还没有长齐，因为害怕寒冷，它们就紧紧挤在同一树枝上，等着父母喂食物。大麻雀总是衔取谷子，然后到地面上咀嚼，再回到枝头上哺育孩子，而每当大麻雀飞临的时候，小麻雀都极力抖动翅膀，张大了嘴巴，并发出尽可能大的声音。别看小麻雀个子小，它们的嘴巴在这个时候张得可特别大，整个脑袋也就只有一张嘴那样大。

接下来的情景着实让我有些震撼，在那一窝刚刚出生的小鸟之间的竞争原来也是那么激烈残酷。大麻雀是不知道每个孩子的食量的，它可能来来回回地喂同一两只小鸟，而其他的鸟只能挨饿，甚至饿死。因为那两只嘴张得特别大、声音特别响、翅膀抖得特别厉害的总是能吸引大麻雀的注意。

不知道表现的小鸟吃不到任何东西，越来越瘦小，连挥动翅膀和叫唤的力气也没有了，后来就不见了，鸟巢里只剩下健硕的两只麻雀，被喂得结结实实，终于能独立进食，不再依靠父母。

节目的主持人说，一窝小鸟之中很少有全能活下来的，它们会因为没有维持它们生命的食物而死亡。这就是自然的规律，在资源一定的情况下，竞争者就是此消彼长的关系。那些抖翅膀、张大嘴、高鸣的表现，都成了竞争的手段，食物有限，在成长中不能适应竞争的当然要被淘汰。人类社会中的竞争要比小麻雀世界中残酷得多。

我们见多了年轻的时候贪图享受，老了以后穷苦不堪的例子。新东方一位老师在每期学员毕业的时候，都会送他们几句话，其中有两句让我印象深刻：怕吃苦，吃苦一辈子；不怕苦，吃苦半辈子。失败只有一种，那就是半途而废。这两句话都是劝人努力坚持的，简单易懂，道理深刻。

时间和机遇总是在我们不经意的情况下溜走，只有坚持不懈地努力才能达到自己的目标。有的人把自己的资源不断进行学习投资，有人在享受中蹉跎岁月。时间一长，结果就很明显，我们都在人生这个大舞台上扮演着自己的角色，不努力争取就会慢慢被淘汰。很多时候，我们成为温水中的青蛙，忽然发现自己已经被生活所抛弃。现实的残酷是最好的老师，很多时候我们只是任性的孩子，不愿意承认自己的错误。

可是，我们就像那一窝小鸟中不会叫也不懂拍翅膀的，不应该抱怨竞争的残酷和别人的强势，还是学会大叫着拍动翅膀才好。

事事领先一步

小学的时候，我祖父去世了。他生前最疼爱我，当我意识到这个疼爱我的人从此在这个世界上消失的时候，我的悲伤就到了不可压抑的程度。我在我的房间里痛哭，回忆着祖父生命最后的那些日子，眼泪像失去控制一样不断地流淌着，我打赌那是我流泪最多的一次了。

那些哀痛的日子，断断续续地维持了很长一段时间。父母亲虽然也沉浸在悲伤之中，但他们还得忙着准备祖父的葬礼。我知道了时间里所有的事物，在时间流淌过去的时候，就再也回不到原来的样子了。就像小时候缠着祖父讲故事的我已经消失了，因为那个讲故事的人已经离开了这个世界。这一天过去，就不可能再回来。

面对着墙壁上的日历，一天撕去一页，时间就这样消失着。那段时间我害怕时间的流逝，心里的害怕让自己觉得自己的生命也向终点靠近了一点点。每天放学回家，在家里的院子里看着太阳一寸寸沉进了山头，就知道这一天真的完了。虽然明天的太阳还是照样升起，可这一天的太阳却永远消失不见了。

小鸟飞过了空中，它们飞得很快。它们可能是重复着昨天的路线，可是昨天的这条路线也已经消失不见了，或许明年再飞过这条线路的小鸟变成了老鸟，接着生命又消失不见了。在那段时间，我一直在思考，每天有多少生命在这一天中消失，也许是全部，全部的生命在一天中消失了，时间对所有人都是公平的，哪一天的生命都会无情地消失。新的一天又会开始，而昨天的生命已经全都不见了。

我接受了这个现实，也接受了祖父的离去。没有人能去阻止时间的流逝，却可以和时间玩一个幼稚的游戏。有一天我放学回家的路上，看见太阳快落山了，我就在心里下了决心，要比太阳更快地回家。我开始狂奔回去，我不时地回头看看那个高高在上的太阳，觉得它实在也不快，我得意地奔跑着。当我气喘吁吁地到达家里的院子，我发现太阳还露着半边脸。我心里忽然很得意，很满意自己的表现。那一种成就感并不比我拿全班第一差多少。于是，我喜欢上了这个游戏，有时候和太阳赛跑，有时会和西北风较劲。

　　每一次我完成了比赛，我快乐得几乎无法形容。那种小小的快乐似乎让我体会到了战胜时间的快感。我知道我从来跑不过时间，但有时候我们可以让自己比原来快一点点，如果你够快，有时候可以比原来快好几步，那几步可能很小，但是意义却很大。假如一直和时间赛跑，谁能保证自己不会比别人先成功一步呢？

错过

我所住的小区楼下就是公园，休息的时候我常常会下去散步聊天。日子一久，就认识了一位也常常散步的老先生。老先生已经60多岁了，他和我说他这一生最大的遗憾就是没有当成医生。他说年轻的时候总是觉得来得及做任何自己真正想做的事情。我问他为什么没有去做医生。"我根本不知道我适合做个医生。"他的回答让我有点吃惊，忽然觉得世界上最为可怕的事情，莫过于活到很老很老才发现自己"错过"了自己。

因为不断错过，很多人都很惧怕错过，它只会让人陷入无尽的懊悔之中。正是因为什么都不想错过，很多时候我们尝试拥有。我认识一个写一手漂亮文章的记者，因为不甘于自己的才华，偏要去企业管理公司当顾问，拼命努力了一阵子，落了一个"可能不合适"的质疑。我还认识一个可以把任何东西卖给任何人的超级推销员，偏偏要放弃自己原来的业务，去做一个广告文案，结果得到的却是"语句庸俗，毫无创意"的评价。

大家都在喊着"潜能激发"，偏偏要去尝试自己都不曾想象的才能，似乎所有的人都能有一个意外的成功。我不反对尝试，但是我不赞成因为害怕失去而去尝试。

年轻的时候，半工半读，白天念化学晚上学外语，兼财务和数学家教。到了某种年级，当律师的想进入演艺圈，当歌星的想进法院，当公司老板的要当诗人。每个人都想成为一个身兼数职的成功者，没有人满足一辈子只做一件事情。

不愿错过让自己变得浮躁，提倡速度但也要力戒浮躁。我们不愿意像那位老先生一样，到了老了还遗憾自己当初的选择。当所有的事情变得急急切切，又怎么选择。如果说我们回顾往事的时候，能够没有任何遗憾的一生是完美的。可是追求完美的心本身就不会完美，因为它要求太多。

"当初，我怎么怎么样就好了""早知道，就怎么怎么了"……生活中有太多的不如意，谁又能保证抓住每一个机会，能抓住一两个就已经不错了。

打好手中这副牌

最终胜利不在于牌，而在于你自己。

美国前总统艾森豪威尔将军年轻的时候，老是回家向母亲抱怨学校的条件差，母亲没有说什么。一次，和家人在一起打牌，手风很不顺，抓的都是很糟糕的牌，于是，他诅咒起这可恨的坏牌。他的母亲静静地看了他一眼，然后对他说："你到底还打不打牌？上帝给你的就是这样一副牌，如果你不想放弃，就请打好你手中的牌。"

艾森豪威尔没有想到一向温柔的母亲，竟然为了打牌向自己发火。可是他觉得是自己不对，而母亲却是在激励他。他明白了母亲的用意，不再抱怨，而是认真地打起牌来。后来不管从军还是从政，艾森豪威尔将军都用母亲的教导来激励自己，即使上帝有时候很偏心，给了自己一副烂牌，也要认真打好手上的这副牌。

　　你相信有上帝也应该承认上帝有时候是很偏心的，他会给别人一副春风得意的好牌，而看看自己的普普通通的牌，甚至有时候是副绝对的烂牌。我们没有机会去选择自己的牌，因为这不符合游戏规则。

　　牌的好坏上帝决定，怎么打却是我们自己说了算。如果够幸运，自己拿到的是一副好牌，一定要争取打赢，认认真真出牌，骄横跋扈的人一拿到好牌就不知所谓，结果还是会输；如果只是一副普通的牌，更要努力，想方设法打出水平；如果摊上一副糟得不能再糟的牌，不要气馁，更不能放弃，认认真真打到底，也许就能出现意外的惊喜，至少自己尽力了，就不会为此后悔。

　　人生就像牌局，每个人分到一手非接受不可的牌，靠牌好打赢的人没有什么可以骄傲的，那些牌不好但却能打赢的人才值得我们去学习和敬佩。

　　周婷婷是中国第一位聋哑研究生，但谁知道，她生下来的48天后就双耳全聋。父亲在培养周婷婷的过程中付出的艰辛是常人无法想象的。为了让女儿开口说话，父亲抱着饼干桶"不说不给吃"，一遍一遍地重复"饼干"，父亲硬着心肠任女儿哭喊，整整40分钟以后，终于喊出了类似字音"布单"，这样近乎虐待的教育，让女儿开始慢慢成长。正常的孩子能轻而易举地叫出"哥哥"，周婷婷却用了整整3年来突破这个音节。

父女俩就是这样一张一张艰难地打着发给他们的牌，结果16岁的周婷婷上了大学，成了中国第一位聋人少年大学生。大学毕业又被美国一所著名大学录取为研究生，成了中国第一位聋人研究生。

在现实的社会中，我们总是抱怨，抱怨自己的命不好，而不是在努力将手中牌打好。埋怨自己的父母，愤怒社会的不公，憎恨老板的眼光，等等，他们就是没有想到怎么把自己手上的牌打好，比如，努力学习，认真工作，勤快做事，等等。

人的很多客观条件是不能改变的，比如，相貌、家庭、身材，等等，这些就是你手上的牌。出身富贵、玉树临风、智力超群当然都是一手令人羡慕的好牌。出身寒门、智力平平，甚至天生残疾也不用伤心难过，刻苦、认真、踏实、坚强地把自己的牌打好，一样能在人生的牌局中获胜。而且这样的人更受人尊敬和佩服。

在人生的牌局中，重新审视自己手上的牌，请相信：最终的胜利，不在于牌，而在于你自己。

张开想象的翅膀

那天回家路上，看见一群孩子在争吵。他们指着天上的一块云吵着，有的人说他看到了一群绵羊，有的人说他看见了一位美女，有的人说他看到一团团棉花，有的人说他就是看到一块云……

小孩子的想象力总是无比的丰富。画家在画布上勾勒脑海里的图案，作家在白纸上写下他们的想象，演员演绎他们对事物的感知，商人为梦想的财富而努力，想象力成了一个人成功的必要能力。

是想象力创造着我们美好的生活，发明创造、艺术创作无不是在想象的基础之上而来的。每个事物都可能成为其他所有的事物，不用吃惊。艺术家的大脑就是完美想象的大脑，没有想象力跨越不了的障碍，想象是成功最好的朋友。

那天朋友问我，知不知道4是8的一半？我毫不犹豫地告诉他我知道。这是连小学生也不用思考的问题。接着他又问我0是不是8的一半？我惯性的认为朋友是在开我玩笑。没有立刻回答，我想了一想。8不就是由两个上下重合的0组成的吗？我马上知道了答案。

朋友连夸我聪明，接着又问我知不知道3是8的一半，我马上也有了答案。接着又说到了2、5、6几个数字，甚至1都是8的一半。只要花一点儿时间问题都能解决。

我知道不是我聪明，如果一开始问我知道不知道3是8的一半，我可能要想好一会儿都没有答案。想象力在一定时候是可以慢慢拓展的。比如，人与人之间的接触交往都可能触发灵感，有研究表明托儿所和小学老师创造力是非凡的，同其他职业相比，有58%的人显示出非凡的想象力，这正是因为他们同聪明伶俐的孩子的长期接触。

想象力像其他的能力一样，需要我们有意识地去启发。我们可以采用各种各样的方法训练自己的想象力。经过美妙的想象，会产生一种美妙的感觉，会觉得思维得到了提升。寻找想象的空间，生活会变得更加宽广和丰富。

做什么都要不一样

　　如果我们是一群演员，在各自的舞台上扮演着不同的角色，很多的时候我们是在模仿别人，模仿那些我们认为是成功的人。

　　卓别林开始拍电影的时候，那些电影导演都坚持要卓别林去模仿当时特别有名的一个德国喜剧演员，但是电影出来后没有成功，而卓别林直到创造出一套自己的表演方法之后，才开始成名。

　　威尔罗吉斯在一个杂耍剧团里，光表演抛绳子不说话，而且一直持续了好多年，后来一个偶然的机会才发现了他在讲幽默笑话上的特殊天分，于是，开始在耍绳子表演的时候加入了幽默的表演，结果一举成名。

爱默生在他的一篇散文中写道：在每一个人的教育过程中，他肯定会在某个时期被发现。羡慕是无知，模仿就是自杀，无论好与坏，重要的是保持自己的风格。虽然在茫茫人海之中充满了各种好的东西，但是除非他耕作那一块属于他自己的土地，否则他绝对得不到好的收成。他所有的能力都是自然界的一种新能力，除了他自己以外，没有人能知道他能做出些什么，他能知道些什么，而这都是他必须去尝试求取的。

如果我们可以把任意两个人的人生清单拿来比较，你可能就会发现它们一些相似的地方。但是，你如果发现这两张清单答案几乎完全相同的时候，你可以判断其中一定有人没有诚实回答。

没有任何两个人的梦想及目标是一模一样的。因为每个人的都是独一无二的，没有人和另一个人完全一样。每个人都是被各自独特的环境所影响，每个人都有着不同的人格以及迈向成功的特质，这些特质造就了每个人的独特性，也引导了我们走向属于个人独享的自我实践的路途。

如果生命是一个交响乐团，我们不需要去为整个人类社会的发展指挥，只需要尽力弹奏出属于自己这一小部分美丽音符。首先问一问自己，手上抱着的是什么乐器。选择好了自己的乐器，就应该专注刻苦练习，演奏出属于自己的魅力篇章。

　　每个人对于成功的看法都不一样，追求成功就是不断寻找自己本色的过程。许多人牺牲了自己的本质去做那些自己不愿意做的事情，这样怎么能有生活的热情。商业上好多的成功都是因为敢于创新，女子十二乐坊之所以取得传奇式的成功，就是创新了一种表演模式。她们将古典乐器和现代表演元素融合在了一起，给人耳目一新的感觉，一推出就取得了巨大的市场效益。

　　多花一点儿心思，做什么都要不一样，有新意，这是取得成功的重要一条。

财富

华为总裁任正非的家族并不富有，任正非可以说是白手起家的典型。任正非在50岁以前的生活极为贫寒，他在家中排行老大，下面有6个弟弟妹妹。一家9口人全靠在学校当教员的父母每月一点儿微薄薪水过活。

三年自然灾害留给任正非不可磨灭的印象，本来生活就很困难的家庭，随着弟弟妹妹一天天长大，衣服一天天在变短，而且都要读书，开支很大，每到交学费的时候，任正非的母亲就开始发愁，到月底的时候到处向人借三五元钱度饥荒，在那些困难的岁月里，常常跑了好几户人家都借不到。

直到高中毕业，任正非都没有穿过衬衣，很热的天他还是穿着厚厚的外衣。他不敢向妈妈要一件衬衣，因为心里很清楚家里的条件。在任正非离家去上大学的时候，母亲送给他两件衬衣。他看着手上的衬衫，想到的是弟弟妹妹们可能因此要饿上好几天，他怎么也高兴不起来。

那时候家中两三个人合用一条被子，而且破旧的被单下面铺的是稻草。上大学的时候要拿走一条被子，家里就更困难了。任妈妈就捡了毕业学生丢弃的几床破被单缝缝补补，洗干净。就是这条被单陪着任总度过了大学的生活。作为老大的任正非，其他几个弟弟妹妹都是一个比一个小，他完全可以偷偷多吃一口粮食，可他没有这么做。

父亲有时候还能在参加会议的时候，适当地改善一下生活。而母亲不仅要同别人一样辛勤地劳作，而且还要负担7个孩子的培养、生活。煮饭、洗衣、修煤灶，什么都干，消耗那么大，自己却从不多吃一口，而是尽量留给孩子们。那时家里对每个人的饭量都做了规定，宁可大家都饿着，要保证人人都能活下去。任正非很严肃地回忆道，如果不是母亲的坚持，有一两个弟妹可能就活不到今天了。

在任正非接近高考的时候，有时在复习的时候饿得实在不行，连翻书的力气都没有。他曾经将米糠和菜和一下，烙着就吃了。而那时家里穷得连锁都买不起，粮食是用瓦罐装着的，他也不敢去随便抓一把，因为还有弟弟妹妹要活下去。母亲在高考的日子里在早上塞给任一个小小的玉米烙，正是这个小小的玉米烙帮助他安心复习，不受饥饿的影响。任回忆说小玉米饼是他考上大学的最大功臣。

任正非在这样的背景下成长起来，对于他来说贫穷是他的一个老师，它教会了人们怎么生存，并让人们珍惜眼前的生活，使人的脊梁比一般人都硬些，坦然吃苦，不屈不挠。

在我们许许多多的民营企业家身上，都可以找到贫穷的影子。而他们的吃苦耐劳、坚韧不拔，往往是创业时期的精神爆破点和企业凝聚力所在。因此有人把贫穷称作成功者的"财富"。

1992年的冬天，华为公司到深圳经济特区外的西乡开会。开完会回来的路上，车子陷进了泥坑之中。任总二话没说，第一个下车，脱掉鞋袜跳进泥坑里推车。于是，公司其他人员也纷纷下车，一起把车子推出了泥坑。很多员工回忆起当时的情景都会为之一振，神采飞扬地讲述着当时的感受。虽然只是一件很小的事情，却给当时在场员工留下了极其深刻的印象。

在任正非看来这是再正常不过的事情了，而他身上的这种艰苦创业的精神成了华为企业文化的重要组成部分，是贫穷给了任正非一笔不小的"财富"。

思想影响人的健康

身体是思维的仆人，它遵从思维的指令。在非法的思想指挥下，人的身体很快就会与健康挥手告别；而在美好思想指挥下，人体却洋溢着青春的活力。

恐惧就像一颗子弹那样迅速地置人死地，恐惧围绕着成千上万的人；焦虑能够很快动摇整个身体的士气，让身体的大门为疾病敞开；不洁的思想，让人的身体沉迷于那些不良习惯，很快让人的神经系统受到冲击，使人疲惫不堪；坚强、纯洁和幸福的思想，能够以活力以及高雅来塑造身体。

如果想让你的身体完美健康，那么就应该守卫你洁净的思想，如果想更新你的身体，那么你应该美化你的思想。恶毒、嫉妒、失意、沮丧的思想，可以夺去你健康优雅的身体。忧郁的脸并不是无缘无故地表露，而是由闷闷不乐的思想造成的。

　　96岁的老太太，可以精神爽朗，脸上能看到小姑娘般的纯真；20岁的小青年，整日却愁眉苦脸，郁郁寡欢。前者拥有一颗幸福甜蜜的心，因此它思想健康向上；而后者状况由于永远得不到满足，忧心忡忡。

　　强健的身体，欢快、幸福或安详的面容，只源于自由接纳欢乐美好而宁静的思想。身体是一个微妙而敏感的生命载体，它乐于对它印象深刻的思想做出反应，而且思想习惯将对身体产生作用，好的思想产生好的作用，坏的思想产生坏的作用。

　　只要人们让不纯洁的思想得以蔓延，身体内一直就会流淌着不纯洁的，被毒化的血液。纯洁的人生、洁静的身体，都来自一颗纯洁的心。思想是行动、人生以及外表的源泉，只有这个源泉纯洁，所有一切才能纯洁。

　　祛除身体的疾病，没有比欢乐的思想更有效了；在驱散悲伤的阴影方面，良好意愿无与伦比。一直生活在恶意、愤世嫉俗、怀疑、嫉妒的思想中，如同把自己拘禁于自建的监狱。

　　保持心情愉快，积极乐观，耐心去发现他人身上的闪光点，抛弃所有自私狭隘的思想，是通向天堂的大门。

第八章

时间去哪儿了——助人

善待身边的人

在一个小镇上有家小诊所，小诊所里只有一个医生。在他的办公室门口贴着的营业时间是上午6~8点，下午1~3点。不过这没有什么意义，这位热情的医生愿意在任何时候接待任何人。

有一年夏天，发起了多年不遇的洪水。以往平静的河流变得危险莫测，几乎成了吞噬生命的怪兽。摆渡的人都放弃了生意，清闲几天。邻镇上有人过来求医，说是有个人手腕骨折需要治疗。可是要去看病必须渡过洪水泛滥的河流。医生没有拒绝，他坐一条划艇到了那个病人家里。深夜，船才回来，船上是疲惫不堪的医生和一只刚杀好的鸡，鸡是作为病人支付的医药费。

除了每天在小镇上看病，这位医生还得去监狱给犯人治疗。他每次去监狱，会进每一个牢房，给一个个犯人就诊。更加难得的是，医生每次检查好一个病人都用肥皂洗手，再把听诊器贴到病人胸前，他还用嘴巴把金属听诊器哈热，仔细用手掌安放听筒圆盘，以使他的手指根部能直接贴到病人的皮肤。那些病人多是酒精中毒和肺炎患者，医生知道他们除了需要治疗，更需要同情。

医生的儿子暑假里也回到了小镇上，帮助父亲。儿子成了医生得力的助手。有一天，父子俩人在急诊所里检查一位因为车祸而受伤的中年人，他的几根肋骨已经折断。

"他里边的骨头全断了，就像撑开的伞。"年轻的儿子大叫道。老医生忽然转过头来，把儿子的手一把扯起，"他醒着，你知道，我肯定他听到你说的话了。"儿子羞愧难当。

许多时候，你可以什么都不做，但有一点，要多说些同情的话，老医生最明白这一点。老医生过了几年，就去世了，他是在诊所里倒下的。

年轻的儿子大学毕业，开始了他的医学生涯。他在一家大医院工作，有一次，一个患溃疡的病人躺在检查台上。"过去在我们邻居小镇上有个好医生，他治好了我骨折的胳膊。"年轻的医生忽然想起了他的老父亲，那年暑假抓着他手的那个瞬间，眼睛模糊了，眼前所有东西似乎都在跳动，在闪光。

"他真的是我见过最好的医生，一个好人。"病人继续问，"我的病能治好吗？"

"行，一定能治好，我可以保证。"

虽然我们每一个人的能力都是有限的，但是可以怀揣一颗温暖的心，同情弱者。年轻的医生明白了对于医生来说，病人是弱者，要以一颗同情之心善待他们。

善待每个人，就是善待人生。

理解万岁

人类在创始之初，天下只有一种语言，而不像现在这么复杂。人们往东方大迁移的时候，发现了一片宽广的巴比伦平原，就决定在那里居住下来。他们彼此商量着说：来吧，我们在这儿烧制砖头！他们真的就动手烧制起来。又说：来吧！我们建造一座城市，城里有高塔，插入云霄，好传扬人类的美名，以免分散到别的地方！

这个时候，上帝经过。他看见人们建造的城池和高塔，他对人类说：你们联合成一个民族，讲一种语言，就可以做这样的事情，可想而知，以后你们为所欲为，想做什么就做什么。来吧！将人类分散到世界各地，让他们有不同的语言，使他们无法沟通。

上帝的法术魔力巨大，塔没有建成，人类被分散到世界各地，说着不同的语言。上帝害怕人类的力量，用无法相互理解来减弱人类的力量，这是《圣经》里著名的故事。

有个失意的朋友打电话和我说，他苦闷、烦恼、忧郁。他说没有人理解他。我有些不知所措，因为不知从何说起，我想帮他，至少劝一劝他，可这必须有个前提，我必须理解他。于是我决定约他喝酒谈天，我相信语言的巨大魔力。

要想帮助别人，先得理解别人，通过沟通知道问题所在。就像故事暗示的，只有相互理解才能创造出无穷的力量。而有时理解本身就是一种肯定，一种帮助。

拿破仑在一次逃命的时候，藏在一个毛皮商人的一大堆毛皮底下，当拿破仑躲过士兵的搜捕后，商人问："当你走投无路的时候，是一种什么样的感觉？"拿破仑愤怒地向商人说："你竟然对皇帝问这样的问题？警卫，把这个不知道轻重的人带出去，处决了！"可怜的商人，心顿时凉透了，无奈、恐惧、绝望一下堆满心头。

过了一会儿，拿破仑才笑嘻嘻地对商人说："你现在知道我那时候的感受了吧？"这个玩笑告诉我们，要理解对方，就要从对方的角度着想。在失意、挫折的时候，千万不要当作没有看见，而应该多关怀，多帮助。"你愿意别人怎么样对你，你也要怎么样对别人。"

要设身处地地为人考虑，才能理解对方的痛苦和不幸运。

谢谢了，朋友

"其实，跳下去也不一定不舒服。不过你跳下去，我还得救你，太戏剧化了。"

"你在画什么？"

"3年时间，我站在这儿感慨万端，却没有画出像样的东西。"

"你想找什么？"

"不知道，所以我在注意你。"

"你觉得我会跳下去，你怕我跳下去。"

"我怕破坏了一幅有灵气的画。"

"谢谢，也许你点化了我。"

"人才是这个生存空间里真正的精灵，其实，你第一次转过头来，我就知道你'水性'不错。不会被'淹死'的。"

"人们相互关注并不值得庆幸。"

"你很孤独？一个人站在湖边。"

"孤独与生俱来。"

"可与生俱来的不单单是孤独啊。"

"我习惯了，或者说喜欢。"

"你可以喜欢，但不要习惯。"

"你呢，你喜欢还是习惯了感慨万千？"

"其实我很空虚，但很多时候，因为给予而温暖。"

这是一段发生在湖边的对话，故事没有什么波澜，只有平静的对话。对话发生在湖边的两个人之间，一个人在作画，一个人在湖边忧郁。人生的低谷不得不面对孤独，孤独是与生俱来的。在每个冷雨夜，孤独很多时候抹杀了很多才华，抹杀了许多前进的勇气。

年轻的画家则留给年轻人一张速写。回到家中，年轻人才打开速写。上面写着：感到寒冷时，请来。

温暖涌上心头，年轻人在那一刻明白了孤独虽然可怕，但是也很容易消除。与生俱来的不单单是孤独，要知道还有人情的温馨。帮助别人有时也是在温暖自己，不要把自己锁在孤独之中，接受别人的关心和帮助，也是在帮助别人。

　　谢了，朋友。花一点儿时间来帮助别人，让自己的生活变得温暖，何乐而不为。

留一个梯子

我像所有的年轻人一样，都有着相同的骄傲和虚荣。很多时候我们不懂得尊重别人，记住：给人一个梯子就是善。

曾经在运动场的草坪上，听到一位女孩子公开朗读她收到的一封求爱信，她读完之后周围竟然响起一阵掌声，接着是一阵阵的笑声。人群中有位男孩红着脸转身离开了，然后就有女生指着男孩的背影叽叽喳喳，原来是他。

我曾在酒吧里听到一位男士在惟妙惟肖地讲述那位坐在他的办公室对面的女职员，如何如何倾倒在他的潇洒风度之下。于是，当场有人打趣道，那位敢追你的女孩一定是超级开放型，如有机会一定认识认识她。

我想这样拿别人的感情当作炫耀的资本和茶余饭后的笑

料，除了证明自己的肤浅和没有修养之外，证明不了什么。谁都有可能爱上别人，谁都可以被别人爱上，这都没有什么好大惊小怪的。

我们可以拒绝，拒绝没有错。但如果拒绝的方式用得不恰当，也许就是错了。对于一份真诚的感情，如果不能接受，最起码也要尊重。我们有义务为对方守口如瓶。得容人处且容人，何必令人陷入尴尬的境地。

推而广之，生活中很多时候，只要多一份尊重，给人留个梯子，就是帮助了别人。每个人都有自尊心，那就如同心里的敏感区域不能触碰，哪怕你是想帮助别人，也不要忘记给人留一个梯子，让对方从容地下台，让一切悄悄结束。

不管是谁都会犯错误，不管是谁总有需要帮助的时候，情况就是这么简单。有时若能多为对方着想，和人相处会就变得简单很多。

记得以前有个朋友和我说起过念研究生时候的故事，她有一次去年轻教授家请教几个重要的问题。来到教授家以后发现门是虚掩着的，于是她轻轻地推开，结果看到了让她惊讶的一幕：教授正拥吻着一个女孩子，而那个女孩子也是教授的学生。

教授和那位女同学都傻在了那儿，不知所措，不知道接下来会发生什么。在那个时候，学生和老师的感情是绝对忌讳的。然而我的这个朋友做了她以后引以为骄傲的事情：她满脸笑容地说，"教授，我也是您的学生，您可不能偏心啊。"教授才反应过来他的这个学生是在和他开玩笑。知道学生没有认为他的这段感情有什么问题，尴尬和担心马上消失了，年轻的教授眼睛却湿润了，他感激我朋友的理解和宽容。

后来听说那位教授娶了那天拥抱在一起的女孩子，因为我朋友的理解和宽容，让他有勇气去面对世俗的偏见。那位朋友还保存着一张教授寄来的卡片，上面写着：我永远感激你的善良和智慧，是你拯救了我。

为你的兄弟划船

　　大家都说杰克是个英雄，因为他够勇敢。那是在一次突击战中，敌人的火力很猛烈，后来还动用了飞机轰炸。杰克和其他人一样匍匐隐藏在一片空地上，忽然他发现一颗炮弹朝不远处的战友飞去。可是战友并没有发现死亡朝他逼近，杰克冲上去，推开了战友。炸弹在战友的边上爆炸。几乎同时，在杰克原来的位置另一颗炸弹响起。

　　印度谚语说："帮助你的兄弟划船吧，你自己不也过河了？"

　　曾经有一名商人在一团漆黑的路上小心行走，心里十分懊悔自己出门时为什么不带照明工具。忽然在他眼前出现了一点儿光亮，并渐渐地靠近。灯光照亮了附近的路，商人走起来也顺畅了一些。待到他走近灯光，才发现那个提着灯笼走路的人竟然是一位盲人。

商人十分奇怪地问那个盲人："你本人双目失明，灯笼对你一点儿用处也没有，你干吗要打灯笼浪费灯油？"盲人听了，慢条斯理地回答说："我打灯笼并不是为给自己照路。而是因为在黑暗里行走，别人看不见我，我便很容易被人撞倒。而我打着灯笼虽然不能帮我看清前面的路，却能让别人看见我。"

有时候，就在帮助别人的时候，也为自己带来了意外的收获。在起伏曲折的人生中，每个人都需要别人的帮助，当自己有能力帮助别人的时候，不要吝啬，不用担心，伸出手付出的时候，你也会得到很多。

以前有位作家，由于心脏不好，一年多以来一直躺在床上不能动。最长的旅途是去花园散散步，即便如此，他也得在亲人的扶持下才能行走。战争爆发了，作家所在的城市陷入了一片混乱之中。而为了躲避炸弹，他就住到了离家很远的一家医院里去。医院里人很多，有从战场上救下来的士兵，也有各种各样的病人。

这位可怜的作家，因为离开了家，只能和其他病人住在一起，而医院的病床很紧张。作家决定把床位让给更需要的人，而自己还主动去帮助医院里其他的人。他努力为失去丈夫的妻子打气，还帮护士接听电话。他越来越忙，好像忘记了自己的病痛，已经像个健康人一样生活了。

战争是一场悲剧，可是却能让人坚强起来。这位作家在帮助别人的时候，也让自己坚强起来，积极的态度战胜了病魔。他在帮助别人的过程中找到了一种力量，这样的力量让作家的生活恢复了正常。

帮助他人的时候，对于给予帮助的人需要消耗一点儿时间和一些关怀的语言，有时候需要物质和精神上的付出，而这种付出都是不计回报的。可是在不经意间，收获更多。

有一个工厂遭受火灾，这是致命的打击，几乎要破产。大家都以为老板要解雇很多人，而且工资也会成为问题。可是出乎大家的意外，老板像没有发生任何事情一样，没有解雇员工，也没有不发工资。工人们很感激老板，决定大家一起努力，渡过难关。在工厂重建的过程中，大家都把这事情当作自己的事情，大家团结得像一家人一样。工厂重建起来以后，大家拼命工作，每天加班到很晚，为的是把失去的时间赶回来。一年下来，工厂的效益不但没有因为火灾受到损失，反而比往年要好很多。

　　中国人总说善有善报，总说帮助别人就是帮助自己，我想都这是很有道理的。

帮别人，也是帮自己

　　从前，有两个饥饿的人在沙漠里得到了一位长者的恩惠：一根鱼竿和一篓鲜活硕大的鱼。其中一个人要了一篓鱼，另一个人要了一根鱼竿，他们分道扬镳了。得到鱼的人就在原地用柴火搭起篝火煮起了鱼，他狼吞虎咽，连鱼带汤吃个精光，不久，他就饿死在空空的鱼篓旁边。另外一个拿了鱼竿的人，继续忍住饥饿，艰难地向海边走去，但是当他快要穿越沙漠，看到大海的时候，他已经用完了所有的体力，只能带着遗憾离开了人间。

　　又有两个人穿越沙漠，同样一个人要了一篓鱼，另一个人要了一根鱼竿。只是他们没有各奔东西，而是一起商量共同去寻找大海。他们每次只煮一条鱼，经过漫长的跋涉，鱼吃完了，他们也终于来到了海边。他们用那根鱼竿开始了捕鱼的日子，几年后他们盖起了自己的房子，有了自己的渔船，过上了幸福的生活。

故事很简单，但是意义却挺深刻。存在主义哲学家说过，他人即是地狱。互相折磨、互相敌对的人际关系成了生活中的地狱。但若像故事的主人公一样，只要相互帮助就可能创造出完全不同的结果。每个人的能力是有限的，而相互合作，相互帮助成为摆脱困境的，享受生活的重要一条。

在我的理解中，如果自私自利，把自己封闭在自己的世界里，对他来说，他人的确是地狱。他摆脱不了自己的局限，甚至总在怀疑别人，生活在仇视别人的怪圈之中。有一位浪迹天涯的青年，一次在火车上与一位妇人同坐。中途，那位妇人从手包里抽出一张钱，牵着孩子下车去买东西，手包就放在座位上。妇人买完东西回来了，青年忍不住问他，怎么就把手包放在座位上，而且手包里有不少钱。

妇人微笑着说："在我孩子还刚懂事的时候，我就教他要信任别人，我自己怎么能怀疑人呢？"年轻人很受感动。

信任，真诚的信任，之所以富有魅力，也许是在我们之间太过匮乏。每个人心里都是孤单寂寞的，我们都渴望被信任和理解。而不信任感却在无孔不入地蔓延着，真诚的信任来得如此珍贵和脆弱。

　　人们不得不戴上各种面具，按各种社会角色生活，心与心之间隔得越来越远，人们行色匆匆，即使是生活在一个屋顶之下，一起工作一起生活，也免不了相互算计，相互误会。掀去沉重的面具，自由呼吸，无所畏惧，坦然做人，帮别人，也帮了自己。

无心的伤害

　　每年开学的时候，都会有很多学生因为家里经济条件的问题上不了学。庆幸的是，很多热心的人能伸出援助之手。而在很多节目中也会看到将某位贫困学生的情况在电视上播出，以期望得到社会的帮助。

　　每次我看到贫困学生在电视上出现的时候，心里总感觉很不轻松。不是因为感慨于贫困学生的不幸经历，而是感觉在很多时候，接受帮助的人并不轻松。印象特别深刻的是，当电视台工作人员把捐款，递给贫困学生的时候，总能在他们眼中看出委屈的神情。其实，想想，如果把我们自己的伤口暴露给别人看，以期望别人的帮助，那是一种什么样的心情。

　　儿时，在我家隔壁住着一个寡妇和她的女儿，丈夫因为生病死了，而为治病，家里几乎什么都没有了。这个寡妇很坚强，把田地里的活儿全自己干了，每次有人去帮她，她总说，不用不用。母亲常常叫我去她家借砂锅，用来煮好吃的。而且母亲每次都做得特别多，都会吃不完，剩下的就连同砂锅一起还给了人家。

如此，借了好几次，我就问母亲为什么要老借别人的，而自己家却不买。母亲笑笑没有回答我。那年收成不好，母亲平时也很节约，可是每次用借来的砂锅，总是会做吃不完的东西。后来我才发现，我自己家其实有好几个砂锅，每个都要比借来的那个新。

这时，我才明白过来，母亲是想用她自己的方式去帮助这家人。用这样的方式，只是为了让对方更能接受。母亲是个很善良的人，真正愿意帮助别人，也能替对方着想的。就是用这样的方式，让那家人度过了那些饥饿的日子。

帮助别人，并不简单的是物质上的给予，事情要复杂得多。很多时候接受帮助来得并不那么轻松，作为被帮助的人，作为一名弱者，会变得非常脆弱。在接受帮助的那一个时刻，他也承认了自己的困难，也把自己的尊严暂时放在了一边。作为弱者他们是很无奈的，任何一个正常的人都会有尊严，我们从心底不愿意承认自己是个弱者，而宁愿自己是帮助别人的强者。

　　但很多时候，热情的帮助反而成了无心的伤害。

君子成人之美

君子成人之美，不成人之恶。小人反是。帮助别人是一种善良，为他人鼓掌的时候则是一种魅力，一种风度。

第一次登上月球的航天员，其实共有两位。除了大家所熟知的阿姆斯特朗之外，还有一位就是奥德伦。在庆祝登陆月球成功的记者会上，有一个记者突然问奥德伦一个很特别的问题："让阿姆斯特朗先下去，使他成为世界上登陆月球的第一个人，你是不是感觉到有点遗憾？"在全场有点尴尬地注目下，奥德伦笑了笑，很有风度地回答说："各位先生，请不要忘记，当航天器回到地球时，我可是最先走出太空舱的。"他环顾四周笑着说："所以我是从别的星球来到地球的第一个人。"大家听后，都在笑声中给予他最热烈的掌声。

人和人的关系有点复杂，很多时候我们之间有着竞争，又相互依赖。成人之美需要我们有着宽广的胸怀，有着非凡的气度。

春秋时候，楚庄王一次大宴群臣。酒宴闹到日落西沉，大家还未尽兴。楚庄王唤来士兵，点起灯烛，又令侍从搬来好酒，让大家喝个尽兴，还找来妃子跳舞助兴。

忽然刮起一阵大风，一下把灯烛吹灭。宫殿中一片漆黑，一位喝得半醉的将军忙乱中起身，因为被妃子的美色打动，在酒精的作用下，欲非礼妃子。妃子大惊失色。不过当时没有声张，只是摸着将军的头盔折断了上面的盔缨。

王妃走到楚庄王面前，大声呼叫，说在黑暗之中，有人趁机非礼她，她还折断了那人的帽缨，请大王找出那位无礼的大臣，问他的罪。大家听到了妃子的话，整个宫殿都一片死寂，大家心里都清楚接下来的事情非同小可。

大家都看着楚庄王，他沉默片刻，接着哈哈大笑。"大家喝酒尽兴，酒后失礼不能责怪。我赏大家喝酒，为的就是尽兴，不为了这点事情坏了大家的兴致。来，大家把自己的盔缨都给我摘了。"

　　大臣们按照楚庄王的命令重新点了灯，那位醉酒的将军无地自容，群臣继续喝酒尽兴而散。

　　三年后楚晋大战。有一位将军身先士卒，奋不顾身冲杀在队伍的最前面。舍生忘死的将军战功赫赫。没错，这位将军就是当年宴会上非礼王妃的那个人，为了报答楚庄王的恩情，肝脑涂地在所不惜。

　　当宽厚待人内化成一种修养的时候，可以成为一种人格魅力。成全别人的好事，为他人鼓掌。把掌声送给别人不是刻意抬高别人，贬低自己。更不是吹牛拍马、阿谀奉承，而是对别人的成就和优点的肯定。为他人鼓掌的人让我们能看到别人的优点，而一个愿意为别人鼓掌的也会得到更多的掌声。

自助和受助

在人生的历程中接受别人的帮助也是非常重要的，虽然有许多例子说明只有通过个人的勤奋自励和吃苦耐劳才能完成许多伟业。自助和受助这两个事物，看起来是相互矛盾的，然而它们必定相互结合才是最好的，我们可以选择高尚的自助和受助，从摇篮到坟墓，所有人都因受抚养和受教育而或多或少受人恩惠；那些最优秀的人和真正的强者往往最乐意承认和接受这种帮助。

法国作家托克维尔的人生经历就是榜样，托克维尔出生在一个双亲皆为贵族的家庭，他父亲是法国一个颇有名望的贵族，他的母亲是公爵的孙女。由于强大的家族影响力，他年方21岁时就被任命为凡尔赛审计法官，但是很可能是由于他觉得自己的才能不足以胜任这个位置，他决定放弃那个很多人羡慕的职位，自己单独开创自己未来的生活道路。在很多人看来，他这个自以为是的富家公子不知道生活的艰辛，但是托克维尔勇敢地按照自己的决定去行动，毫不退缩。他辞去了自己的职务，决定离开安逸的生活去美国游历访问。而这个行动的成果就是后来出版了那本伟大的《论美国的民主》。

同他一起游历的朋友这样描述在此次历游中那位孜孜不倦的勤奋青年：他的本性是与懒惰格格不入的，无论是在旅行过程中还是在休息的时候，他的头脑一直在飞速运转，同他在一起，最愿意聊天的内容是对他有用的东西，对他来说，最糟糕的日子就是无所事事。

在托克维尔亲自写给朋友的信中有这样的段落：生活中，人们不能有一时一刻没有行动，因为个人的外在努力，同个人的内在努力一样都是必不可少的东西，如果不是这样，即使我们在年龄上增长了，我们的心态也是年幼无知的。我把生活在世上的人比作一个在十分寒冷的地区漫无止境地艰难跋涉的旅行者，他走得越远，他就走得越快。灵魂的病变是可怕的，为了抵御这种可怕的罪恶，一个人不仅需要来自内心深处的精神力量的支持，也需要与生活上事业上的朋友保持亲密的联系，互助互爱，共渡难关。

尽管托克维尔个人吃苦耐劳、独立自主，但是恐怕没有人能比他更充分认识到人生中受人帮助和支持的重要价值。他时常充满感激地深情感谢他的两个好友，一个给了他精神和智力上的帮助；另一个从道义上支持和同情托克维尔。托克维尔也从不掩饰他对自己妻子的感激之情，由于她对丈夫的良好脾气和性格，使得托克维尔能全心进行他的研究。

无论对别人的感激显得多么明智和多么美好，从事物的本质上说，人们自己应该是自己的最好救星，但是在人的一生中，免不了受到别人的影响和帮助。两者相互结合才是生活的智慧。

第九章

时间去哪儿了——学习

为自己充电

有一个小木匠以前在慈善学校上学的时候，是个毫不起眼的孩子，他的班主任甚至称其为他教过的最笨的学生。毕业后他给一个木匠当学徒，一直做这个行当。为了充实生活，小木匠开始看书学习。有时候见书里夹杂着一些拉丁文，他非常想弄明白那究竟是什么意思，于是就买了本拉丁语法书，开始学习拉丁文。小木匠起早贪黑，只要一空下来就会拿起拉丁书学习，在他学徒期满之时，他的拉丁文已经相当熟练。

有一天，小木匠经过一个教堂，看见了一块希腊文的墓志铭，于是，他兴起了学希腊文的念头。他回家卖掉了一些拉丁文的书，买回来了希腊语法和词汇书。小木匠以学习新的知识为乐，很快又掌握了这门语言。后来，他又卖掉了希腊文的书籍，买来了希伯来文的书籍，又开始学习起来。他没有老师指点，也不是为了升官发财，仅仅是为了让自己的生活变得充实。

由于长期看书、学习和研究的辛劳开始影响了他的健康。学习也改变了他的生活，由于在晚上看书看到睡着了，打翻了旁边的煤油灯，大火差点要了小木匠的命，也把他的木匠工具箱给烧毁了。失去了谋生的工具，他一贫如洗。

为了生存，他只能开始给附近的儿童们做家教。开始事情并没有那么容易，尽管他精通多门语言，但是却没有专业知识，很少有人学习希伯来文和其他语言。这让他很难教下去。为了解决这个问题，木匠开始重新学习代数和写作。

他的自然、淳朴、好学的个性渐渐得到了人们的认可，大家都称他是"博学的木匠"。后来，他在别人的推荐下，成了学校的校长，而在学校的图书馆中他又学习了阿拉伯文、巴西语、印地语。

后来这位木匠成为了剑桥大学的语言教授，他还把《圣经》翻译成很多语言。他传奇的一生是坚持自我学习的成功明证。我们所熟悉的很多科学家和文学家都是自我学习的榜样。

不断学习是不断完善自己的过程，让自己在生活中或者工作中更加完美。

很多时候，我们无意识地学习可能让我们在不知不觉中提高。学习是个不断积累的过程，很可能一时看不到效果，但必须懂得坚持。学习没有一定的模式，也没有内容之分，真正的知识可能在一定的时候发生作用。

在生活中抱着一颗好学的心，能让自己在学习中不断成长，何乐而不为。

好书是你的朋友

　　如果说学习是为了不断提高自己，放弃一些功利的偏见，读书能不断提高我们个人修养和人格魅力。有的书让我们充满智慧，而有的让我们找到前进的勇气。良好的修养是一种内在的魅力，这种魅力可以通过学习不断提高。

　　很多时候，我们对阅读存在着一种敬畏之心，产生了距离感，读书成了一个苦差事。我们可以抱着一个目的苦读，也可以选择毫无目的地闲读，以书为乐的人多选择后者。读书可以成为一种爱好，成为一种习惯。

　　清代戏曲家唐英写过这样一副律己联："未能随俗唯求己，除却读书都让人。"作者是雍正年间的一位官员，在尔虞我诈、蝇营狗苟的封建官场上，唐英能做到不与世沉浮，唯读书自乐，确属难能可贵。"除却读书都让人"，只此一句，直入我心扉，人生在世，至乐之事莫如读书。

　　以前有一位朋友总是在自己的包中放着一本书，一有空儿就掏出来读。他说包中放着一本书在等人的时候特别有用，会让他心情轻松。在很多时候，他要等吃饭，等坐车，等看病，等理发，等约会，只要条件允许，他都可以把时间消耗在书上。他说他用这种方式看了很多书。我并不提倡这样的做法，很多时候也不见得开卷有益。不过，我倒是很佩服我这位朋友以读书为乐事的态度。如果不能把读书当作一种消遣，不见得能坚持在包中放一本书，而且现在的书也是越来越重。

　　以前在学校念书的时候，周末放假回家，也在包里放几本书，可是回家以后却不会去翻看。那时候我在包里放书是为了心理平衡，或者说是有种心理安慰。贪玩的少年已经离我们而去，喜欢看书的人也好像越来越少。不知道是好书越来越少了，还是电视和网络等媒体成为了人们的新宠。不管怎么说，还是有很多人愿意在晴朗的中午或者安静的夜晚，与书为伴。

　　高尔基曾经说过："书籍鼓舞了我的智慧和心灵，它帮助我从腐臭的泥潭中脱身出来，如果没有他们，我就会溺死在那里面，会被愚笨和鄙陋的东西呛住。"一本好书可以让人浮躁的心灵得以安静。每本书中都有一个灵魂，他可以将故事娓娓道来，可以嬉笑怒骂，可以美丽婉转，可以雄伟豪放。在炎炎夏日的午后为你带来一点点凉意，在寂寞安静的深夜为你带来点点温暖和激励，这本书的灵魂就是可爱的。

好书就是你的朋友，一个让你平静生活的朋友。

腹有诗书气自华

书给了人类智慧，进而升华为坚韧、热情、希望、开拓的精神气质。

天地玄黄，宇宙洪荒。一部漫长的人类发展史，就是一部人与命运的斗争史，就是人与文明的胜利史，就是人与书本的关系史。腹有诗书，神情高雅，谈吐自如；腹有诗书，人格升华，目标远大；腹有诗书，奋斗的路，延伸于你的脚下。

当然更想到了毛泽东，想到了他的"惜秦皇汉武，略输文采；唐宗宋祖，稍逊风骚"，想到了他"掌上千秋史，胸中百万兵。眼底六洲风云，笔下起雷声"。毛泽东有着深厚的文化底蕴，而辅以其跌宕起伏的人生经历，文采出众，笔走龙蛇，其文章让人惊艳不已。

晋朝有一位大玄学家郭象，属闲云野鹤之辈，潜心于研究老庄学说，喜与人谈论玄妙的唯心主义哲理，在市野影响很大，后来有人向朝廷举荐，当朝丞相多次派人来诚心相邀，他推辞不过，就到朝中做了黄门侍郎。入朝以后，皇上亲自召见，经当廷测试后，对他赞赏有加。由于他知识丰富，辩才无双，讲起话来切中时弊，入情入理，玄而不空，许多文臣武将都喜欢和他结交，听他讲奇闻趣事、高谈玄论。当时有一位太尉王衍十分欣赏郭象的口才，经常在别人面前称赞他说："听郭象说话，就好像一条倒悬起来的河流，滔滔不断地往下灌注，永远没有枯竭的时候。"这即是"口若悬河"这个成语的来源。

宋代大诗人苏东坡在供职翰林学士知制诰的时候，专为皇上起草诏书，在他任职期间，共起草了约800道圣旨。他所拟的圣旨，妥帖工巧，简练明确，引经据史，富有例证譬喻。他去世以后，一洪姓人士接替他的职位，这个人对自己的文才颇自期许，就问当年侍候苏东坡的老仆，他比苏东坡如何，老仆回答说："苏东坡写得并不见得比大人美，不过他永远不用查书。"

郭象也好，苏东坡也罢，之所以受到上上下下的欢迎和赏识，是因为他们有深厚的文化积淀底蕴，渊博的知识修养基础，

　　过人的才华使得他们具有翩翩的君子风度，良好的气质修养。人们喜欢同他们交谈，是因为可以从交谈中获得教诲和益处，得到相应的知识实惠，同这样的人谈话，是一种美的享受。

　　通过阅读，才可以不断地培养和丰富自己的气质。在时光面前，每个人的地位都是平等的，用丰富的知识、高尚的情操写就高贵的人生。

为了事业而学习

人生的事业成功需要机会和努力，我们都知道年轻就是资本，有着健康的体魄，敏捷的思维。在年轻的时候学业有成，事业顺利固然可喜；但是在中年，甚至老年的时候开始学习，来得更加可贵。

就拿学习语言来说，年轻人有着不可比拟的优势，对于上了年纪的人来说，学习外语所遇到的困难是年轻人不可想象的。37岁的英国科学家李约瑟证明，只要努力，就能克服困难，再晚也不晚。古汉语对于这个年龄偏大的外国人来说学习的难度可想而知。是什么样的精神让这位"李大叔"面对"之乎者也"却能迎难而上。

李约瑟是英国皇家学会成员，在生物化学领域有着重要的成就。在他37岁那年，3个中国研究生跟他学习生物化学时候告诉他，中国古代就有巨大的科学成就，而在一切科学历史上的贡献都是不可磨灭的时候，李约瑟被打动了。他思考了很长时间，开始了征服人生的新旅程。为了了解中国的古代的科学，他学写汉字，学说汉语，一字一字地啃古文。17年是一个漫长的过程，但是李约瑟却用它来开拓自己的新的事业。在54岁那一年，出版了《中国科技史》第一卷，到他90岁的时候已经出了15卷。从他37岁开始的事业，成了这以后他一直为之奋斗的领域，而在这一领域他也成为独占风骚的领军人物。

　　他在接受记者采访的时候，说他之所以这么大年纪了还有勇气进入自己完全陌生的学科，他知道多晚都不晚，他知道了：就是迟了，也比什么都不做好。他用自己的行动对这句话做了最好的解释。

　　老年丧偶的老李与在1989年共同研究中国科技历史中结下了深厚友谊的鲁桂珍在教堂里结婚，而这一年他90岁。他说两个80岁开外的老人又站在了一起，可能看起来有点滑稽，但是他还是那句老话，再晚开始也不晚。

对于深患绝症的人来说，可能什么都晚了，更别说去花时间阅读学习。延续生命与病魔纠缠，已经算是很积极乐观的心态了。但是，日本的哲学家中江兆民的一生最重要的事业却是在患了绝症以后开始的。在他51岁那一年，医生发现了他患有喉头癌，并清楚地告诉他只能活一年半时间。时间不多，他没有意志消沉，却开始动笔写了他一生中分量最重的一部作品《一年有半》。接着又写了另外一部《续一年有半》。这两本拿自己剩余的时间命名的书，成了那个年代最具影响力的作品。成书的那一天他对朋友说：一年半的时间，大家可能都认为太短，我却以为那实在是够漫长了。如果说短，10年也短，50年也短，100年也短。如果没有一年半勇敢的开始，就不会有这样光辉的成就。

如果是为了事业而学习，告诉自己再晚开始也不晚。

每天都要更新你的知识

家用电器、车子、房子，一切的事物都会顺着时间流逝而不断变旧、变破，我们头脑中的知识也一样逃避不了折旧的命运。在激烈的竞争中，那些思想陈旧、脚步识缓的人，瞬间就可能会被甩到团队的后面。

即使是一个经验丰富的资深员工，如果倚老卖老、妄自尊大，也会被淘汰出局。公司或者团队会为了集体的利益，舍你而去，即使你战功赫赫。许多演艺界的老音乐人和老演员经常在媒体上感叹压力和辛苦。每天都有前赴后继的新人，以惊人的速度抢占市场，稍稍沉寂就会被大家遗忘。有位歌手感叹说：老并不可怕，未老先衰才可悲。面对推陈出新的市场，不断学习和创新才能不被挤出飞速前进的轨道。要经常居安思危，经常忧虑自己的技能现状，这样的忧虑是自己不断进步的动力。

美国的职业专家指出，现在职业技能转换期越来越短，特别是从事信息、通信产业的科技人员，如果不抓紧学习，更新知识体系，用不了几年就会老化。就业竞争加剧也是知识折旧的重要原因，根据统计，25周岁以下的从业人员，职业更新周期是人均一年零四个月。当10个人中只有1个拥有一项技能，他的优势是明显的。而当10个人中有9个人拥有这项技能的时候，优势就不复存在。有人预言，未来社会只有两种人：一种是忙得要死的人；另外一种是没有工作的人。现在就出现了有的事没人做，有的人没事做的情况。

不懈地学习成了保持自己不被淘汰的利器，在工作岗位上奋斗的人，学习有别于在学校学生的学习，由于缺少时间和心无杂念的专注以及没有专职人员的教授知识，所以抓住时间，充分学习更为困难。

工作又是任何人的重要一课。要想在竞争中胜出，必须在工作中摄取经验，探求启发智慧以及提升效率。年轻的彼得是美国一个知名电台的当红主播，虽然大学还没有毕业就把事业作为了他受教育的课堂。在他当了3年主播以后，决定辞去人人羡慕的主播职位，而到新闻第一线去当记者。他在美国国内关注报道新闻，并成了美国电视界第一个驻中东的特派员，后来搬到伦敦，成为欧洲地区特派员。经过几年的磨炼，当他再回到电台主播的位置上时，他完成了从一个书生气很浓的年轻人成长为一名成熟稳健的主持人的转变，大受欢迎。

不论是工作的哪个阶段，学习的脚步都不能稍有停歇，要把工作视为学习的一个过程。知识是可贵而有价值的财富，所以，我们要好好经营管理，别让自己的知识快速折旧贬值。

活到老，学到老

前阵子一直在准备英语考试，搞得心力交瘁。忽然在一位将军的回忆录中翻到了一些如何学习英语的方法，和大家分享一下。

将军学习英语语法的时候还是一位日薪6便士的二等兵。而他的那张警卫床就是他学习的地方；他的背包就是他的书包；在膝盖上搁上一小块木板就是写字板；寒冷的冬夜，他借着火光看书。尽管饿得皮包骨头，为了买一只钢笔或者一叠联系用的白纸，他刻意从少得可怜的伙食费中拿出一点儿钱来。而他旁边的朋友们都笑话他，他们在一边闲聊、嬉笑、歌唱打闹，而这一切都没有影响这位二等兵的学习。

很难想象，为一支笔、一瓶墨水或者几张纸，他要付出多么大的代价。有一次，他把半个便士给丢了，而他们一个星期只有两个便士的零花钱，可怜的二等兵在床上像孩子一样哭了一个上午。就在那么极端恶劣的条件下，这位将军能坚持学习，没有父母支持，也没有朋友鼓励，不管情况有多糟糕，坚持下来，敢问又有什么理由不成功呢？

从前有个石匠，他在很长的一段时间里依靠自己的这门手艺谋生。后来遭遇了经济危机，很多人都失去了工作，他也失业了，贫穷带来的恐惧写在他的脸上。石匠很快就山穷水尽了，而就在这个时候，他遇见了一位流浪者，见他以教授法语糊口，而且收入很不错。石匠决定向这个混得不错的流浪者请教。流浪者告诉石匠像他一样去当教师，可以谋生并过上不错的生活。石匠很怀疑自己的能力，自己年纪很大，以前一直是个石匠。他没有跟着那位教法语的老师学习，而是继续去寻找石匠的工作。他奔波几百里来到一个小城镇，还是找不到一个雇主。

在他几乎绝望的时候想起了那位法语教师，他觉得应该试一试，更何况有人愿意教他。于是，他返回去找到那位教师，

"我想尝试成为一名老师。"他开始和老师学习法语。石匠知道自己的年纪大了，所以要比其他人更加努力。出乎他意料的是，他很快掌握了基本的语法、文法和标准的古典法语发音。他的朋友觉得他可以胜任教师一职的时候，就为他推荐一个空缺的教师职位。

应聘成功了，石匠成了一名法语教师。他从教室向外望去发现了自己以前建造的烟囱。一开始他担心别人认出他以前是个石匠而轻视他，不愿意说出他自己以前是个石匠。后来，因为他的学生法语成绩优异在学校受到了表扬，他是个称职的老师，同样赢得了认识他的人的尊敬和优待。而当人们知道他面对困难坚持学习的故事后，反而更加敬重他。

通过刻苦学习取得成功的人很多，学习没有捷径这个道理大家都懂，贵在坚持。能坚持学习的人一定获益匪浅。

第十章

时间去哪儿了——净化心灵

抓住生活的每一天

　　当你懂得总有一天要死去的时候，就该暗下决心以最好的方式活下去。

　　早上起床的时候，往窗外一看没有太阳，天气很糟糕，心情变得很不爽快。忽然接到一个很久没有联系的同学打来的电话，开始很意外，接着更加意外。在他的讲述中，我知道了以前中学时候的一个同学得了癌症，已经在这个城市一家的医院治疗一个多星期了，作为以前的同学，大家相互联系应该去看望一下。他最后的话有点哽咽，他说可能时日已经不多了，真没想到。我脑子里尽力往回去寻找，关于这个同学在我记忆中的碎片。只记得自己中学的时候，没怎么和这个同学说过话。只是记得他跑步很快，在学校的运动会跑步比赛拿过第一。

后来和同在这个城市的几个同学一起来到了医院，我们事先商量当着人家不能哭了。印象里健康的小伙子已经被病魔吞噬了，剩下这个脸色苍白的病人。看到我们，他很激动也很开心。他的家属说，得知我们要来，今天一大早他就醒了。再坚强的人生病的时候也需要别人的关心，我们聊着以前的学校的趣事，笑得前仰后合。我们说等他动完手术再来，他笑着点点头，那笑容显得充满希望。

他家属送我们离开的时候，说过几天就动手术了，成功率很小，很危险，说着说着就流泪了。我们劝说现在的医院很先进，他会好起来的。但同行的几个女生终于在回来的路上哭了。

后来再听到那位同学消息，他已经不在人世了。现实就是现实，不会出现任何奇迹。那种忧伤一直伴随着我好长时间，也许人生并没有想象中的那么漫长。人的一生，大概从知道"死"，才算是懂事的开始。死总是忌讳的话题，我不记得自己是什么时候开始知道了人人都要死这个残酷的道理。记得当时我疑惑了很长的时间，每次问父母，总要遭到一顿白眼，才知道这是一个不能谈论的话题。

死的墓场和生的鲜花常常是这样相容的。墓场开着鲜花，鲜花掩盖着墓场。对死有了严峻的思考，才会有对生的热烈追求。《红楼梦》里的黛玉见落花流泪，见枯叶失意，引得大家对她都是怜爱有加，可是太过憔悴的人生经受不了风雨的打击。

一个搞艺术的朋友，不知道从哪里弄来一个人的骷髅，摆着家中。每次我去，我一个人面对骷髅坐着的时候，总觉得寒气阵阵。一直以为是爱好艺术的人标新立异，特立独行而已。但是朋友告诉我，那个玩意儿是用来提醒他自己的。"提醒什么？"我好奇地追问。"它让我想起来自己马上要死了，得抓住自己的分分秒秒啊！"朋友半开玩笑地回答说。

也许不用这个样子来刺激自己，倒不如换个表达："活着是美好的！"

作家海明威在一次飞机失事的时候，认为自己肯定会死了。然而人生就像一部小说充满让人惊喜的情节。海明威死里逃生后读到自己的讣告的时候说："一个人有生就有死，但只要你活着，就要以最好的方式活下去。"

我想到了作家三毛在撒哈拉沙漠举行婚礼的时候，那个外国丈夫荷西送来一副骆驼的头骨让她欣喜若狂……

　　人知道了死才知道活的分量。我们要抓住生的每一天，努力发掘生的价值。

谁动了我的奶酪

我们心中都有自己想要的"奶酪"，我们追求它，想得到它。因为我们相信它能带来幸福和快乐。然而当我们得到了"奶酪"，又常常对它产生很强的依赖心理，甚至成了它的附庸。我们害怕失去"奶酪"，现实中，不断有人拿走你的"奶酪"，我们又该怎么办呢?

战胜自己，战胜害怕变化的恐惧。

年轻的杰克买了一幢豪华的别墅，他每天下班回来的时候，总看见有人从他的花园扛走一只大木箱，装上一辆奇怪的卡车拉走。他还来不及喊，那车就走了，这天他决定开车去追。那卡车在一个城郊的峡谷停下。

杰克发现陌生人把箱子一个一个地卸下扔进山谷。山谷里也堆满了箱子。杰克于是过去问从他家扛走的箱子里装的是什么。"是日子，是您虚度的日子。先生，你家还有好多，你不知道？"

杰克打开箱子，箱子里有一条秋暮时节的小路，他的未婚妻一个人正在慢慢地走着。

第二个箱子，里面是一间病房。他的弟弟约翰正在病床上等他归来。

接着打开第三个箱子，原来那所老房子的栅栏门口，他那条忠实的老狗正在等着他，已经骨瘦如柴了。

"我想取回这三个箱子，我求求你，起码给我三天时间，我有钱，你要多少都可以。"杰克激动了。

陌生人做了个不可能的手势，意思是说：太晚了，已经无法挽回。接着，那人和箱子一起消失了。

时光在不经意间从你身边溜走，在不经意间，你的"奶酪"被人挪走。不要为失去的"奶酪"浪费时间，坦然面对发生的一切，调整好心态积极应对。

在公司的大楼里有个开电梯的老头，上班的第一天我就发现，他只有一只手。想来其实是有点让人恐怖的事情，可是老头每次热情的态度和慈祥的笑容渐渐消除了我心中的恐惧。时间长了，每次坐电梯总能和他聊上几句。

我问他没有了手会不会难过，日子过得一定很艰难。他却开玩笑说，"没事啊，我开电梯，只要一只手就够了。"

他说用不到另外一只手的时候根本不会想到它的存在。这只手是因为在车祸受伤，后来就给锯掉了。本来那次车祸自己肯定死定了，正是因为这只手挡住了脑袋，才捡回一条命来。他并没怎么为这件事情难过，因为已经这样了，伤好了以后就找了这个开电梯的工作。

心理学家说过"要乐于接受必然发生的情况，接受所发生的事实，是克服随之而来任何危机的第一步"。不管是在工作中，还是在生活中，积极面对挫折。不愿意面对失败的人，永远都失败；敢于面对失败的人，即使失败，也仍然是胜利的，因为他知道如何对待挫折。

事情既然如此，就不会另有他样。在工作中，会出现种种令人不快的危机，把它们当作不可回避的情况加以接受，并适应它，千万别因为忧虑而毁了自己的生活。其实没有人能动你的奶酪，除了你自己。

人生是什么

一直在苦苦追问自己，人生是什么。

小丁很早就喝茶，是因为以前总是跟着爷爷去一个好地方——满园春。

印象里的满园春茶馆，四周都是木板墙，墙上挂着不知道是谁的水墨山水和歪歪扭扭的书法，古色古香的座椅，洗尽铅华，似乎还散发着淡淡清香。有时会有票友上台表演，古筝、二胡、相声段子，淡淡的茶香萦绕着这间小屋子，这样的景象在我记忆中如此深刻。

爷爷以前是个语文教师，去茶馆的路上有很多人认识他。他总是笑着和你打招呼，那时候觉得爷爷是个很了不起的人。他总是有讲不完的故事，我们总是一群人围着听他讲，他也从来没有骂过我们一句。

回想起来，小丁的爷爷离开我已经很久了，但是印象还是深刻。爷爷脸上深深的皱纹，一笑起来如同刀刻的一般。陪爷爷去茶馆的时候，茶香幽幽，茶气袅袅。其实小丁不会喝茶，但是喜欢看着，一朵朵茶叶像花儿一样慢慢地开放，最喜欢卧在爷爷身边听他讲以前的故事。

爷爷年轻的时候，要去很远的一个小山村里给小孩子上课，常常因为批改作业，半夜借着月光才能赶回家来。他说自己都不知道那个时候摔了多少跟头，有时候还能见到山上的野猪乱窜。后来才明白那种野猪其实是很凶狠的，有时候能要了人的命。

爷爷后来一直在一中学教语文，他爱喝茶，小丁不会喝茶，却愿意跟着他去茶馆。爷爷说，这一辈子就像这茶。等小丁明白了爷爷的意思，爷爷已经离他而去了，当小丁苦苦思索人生的时候，脑子里总是出现那个幽幽茶香的情景：

举起手中的茶盅，轻轻嗅一嗅后，缓缓入口，齿间留香，舌尖流转，细细品味着茶中的三味。

色，淡淡的。香，浅浅的。味，涩涩的。很多人的一生都是平淡而激烈的，人生就像是一个不特别亲热，也不格外疏远的朋友；对你永远不会那么激烈，你可以慢慢回味却余韵悠长。

关注身边的美丽

为了心灵的震撼，为了灵魂的苏醒，为了生命的愉悦，上帝创造了美。

曾经在一本小册子上看到的故事，让我坚定了信仰，它远远胜过了任何布道。

麦克和比尔已经相互仇恨了很多年，在最近一次见面时如果没有人阻拦，他们一定会打起来，他们的仇恨到了化解不了的地步。

从那一天开始，麦克随身带上了枪，而比尔听说麦克带上了枪，也在腰上挂着一把枪。有一天，比尔的朋友告诉他，麦克放出话来要杀死他。比尔决定先下手，在半路上等着他。那天下午，他朝麦克家的方向走去。在距离他家大约一公里的地方，比尔看见路上有人走过来，他急忙躲进路旁的灌木丛里，掏出枪握在手中准备偷袭麦克。

麦克还没有过来，他抬起左手去拉开旁边的灌木树枝，在那个树枝上边有一朵美丽的小花，他忍不住摘下来握在手中。"我妈妈曾经很喜欢这种小花。她去世的时候，手中就是握着这种花安葬的，这让我想起了妈妈希望我成为什么样的人。"当比尔抬眼看见自己左手上的那朵小花的时候忍不住想起了一些事情。

事情因为一朵小花发生了变化，比尔不想再去伤害麦克。他想事情就这么解决吧，他们之间没事了，本来就没什么事。一切就这么结束了。

故事好像没有想象的精彩，也许会有人怀疑故事是杜撰的，但我相信故事是真实的。

一朵路边毫不起眼的野花有着它自己存在的价值。世间的一切都有着他存在的意义，生命的含义要比我们想象的复杂。

生命之外还有很多美不可言的东西，它们让我们的心灵震撼，灵魂得到苏醒。关注身边的美丽，关注过去的曲折，可以让我们慢慢地从悲哀中走出来，重新获得和谐平静的心灵境界。

沧桑是美

沧桑是美，是饱经事故的成熟。

人生有不同的体验，"喜怒哀乐"这几种人生体验每个人都会经历。我认为其中最为厉害的是"哀"。因为其他三种都是来去如风，在很短的时间内出现，又在很短的时间内消失不见，没有什么好担心害怕的。而哀伤却会一直伴随着你，渐渐形成一种气质。

"喜"如微风，微微掠过心湖时候，泛起的只是小小的涟漪。远方好友的一封来信；童年时，妈妈下班带回来的大蛋糕；老师的表扬；身上的新衣服；进球的欢呼，这一切美好都会让人泛出微笑。

"怒"如飓风，强大的破坏力让人畏惧，它来的时候，树木被吹倒，房屋被掀翻；而当它离你而去，就变得一片寂静。

虽然在短时间内可能很难忘记它带给我们的伤害，但是随着时间的推移，我们可以用我们的努力去改变，过一段时间就很难再找到飓风的痕迹了。

"乐"如夏日清风，让你心情涣散，清凉闲畅。10年寒窗苦读终于等来了心仪大学的通知书；10月怀胎得来的宝贝儿子；埋头创作换来的新书出版；努力工作得到升职……丰盈的成果就像是心房上挂着的快乐风铃。

"哀"完全不同，它更像是一把刀，如同一块铅。开始的时候，它把你的心割得鲜血淋漓，而且并不是一下作罢，而是如同古代的凌迟一般。在你伤口慢慢开始愈合的时候，它就像一块沉甸甸的铅，压在你的心头，任何时候一想起来，都会乌云密布。它的可怕之处在于它的挥之不去日积月累的力量。

事物本身没有改变，但是你的心境不一样了。以前，自己小时候，小学就在家附近。所以下课的铃声一响起来，我就会跑回家。那下课的铃声就像是军队发起进攻的号角。回家的理由很多，饿了，渴了，哪怕是回去撒泡尿也是理由。母亲总是笑呵呵的样子。小时候，家就是一块磁铁。

渐渐长大，开始和同学一起在外边玩耍。青春焕发的少男少女，对他们来说，家就像是束缚自己去飞翔的樊笼，我也不例外。总是在想，什么时候能摆脱这个羁绊，飞翔在自己辽阔无边的美好天地。母亲的关怀和劝告在我眼里成了唠叨，只能增加了我对这个樊笼的厌恶。我觉得自己应该去四方流浪，而不是在这个地方逗留。

再往后，讨厌家的人，自己成了家。这个时候，家就是温床，一个自己辛苦建立的窝变得那么可爱。新婚的人愿意成天黏在家里，享受着家带来的温暖和甜蜜。在这个家中可以自封为王。

到了中年把家看成一个避风的港湾。为了三餐在外忙碌，为了生计在外奔波。外头有大风大浪，外头有枪弹毒箭。被雨打了，被风吹了，中弹中箭都没有关系，有个可以让你治病养伤的家。孩子爽朗的笑，妻子做的可口的饭菜，老父亲满头的白发，老母亲接到你电话那会心的笑声，总让人心头温暖。前路艰辛，却可以因为他们而继续向前。

故事总是在以惊人相似的情节发展着，你发现自己苦心经营的家又会成为你孩子的樊笼，可能你已经两鬓斑白。那时，笼中鸟总有飞走的一天，相依为命的老伴也会驾鹤离去。家成了一个空壳。

人生如同一条弯弯曲曲的河流，你知道它源自什么地方，去的地方也只有一个。它潺潺地流，流过山川，经过峡谷，流经平地；看过万般妩媚的风景，也看过风起云涌的险恶景致。这样的人生才是美丽的，因为它经历沧桑。

　　沧桑是美，是饱经世故的成熟，是处变不惊的淡定。不用悲伤，不用痛苦，昨天的沧桑是人生美丽的风景。